辭獻

這本書要獻給我生命中最重要的人：我的妻子丹妮絲和我的三個孩子布蘭登、克絲汀和凱西。他們是我一切的原因，是我每天凌晨四點起床、努力工作的動力。他們的相片貼滿了我書房的牆壁，我的寫作與研究幾乎都是在這裡完成。無論我有多累，那些相片日日夜夜都能激勵我繼續寫下去。他們看著我跟隨著人生的主要目標、我的夢想前進。他們見證了我的轉變，從平凡無奇的執業會計師蛻變成暢銷作家。這個經歷教了我們人生重要的一堂課：無論夢想看似多麼不切實際，都要勇敢追夢。

目錄

007 致謝辭
011 推薦序 陳重銘
014 序言
018 第一章 筆記本
024 第二章 澤西灣畔的暑假
028 第三章 致富的三大途徑
042 第四章 天才基因
046 第五章 找到人生的主要目標
050 第六章 成功翹翹板
056 第七章 雪崩式的成功
059 第八章 休兵週

062 第九章 成功人士的三大特質
071 第十章 了解什麼是運氣
076 第十一章 良師益友的重要性
084 第十二章 貧富的意識形態
087 第十三章 紐約市
094 第十四章 致富習慣
103 第十五章 貧窮習慣
107 第十六章 每日力行自我進步
113 第十七章 致富禮儀
126 第十八章 五比一原則
128 第十九章 剖析目標
138 第二十章 致富關係VS貧窮關係

148 第二十一章 傑西工作中
158 第二十二章 記住名字
161 第二十三章 一小時原則
164 第二十四章 有錢人士也是健康人士
171 第二十五章 拖延
176 第二十六章 志願服務
179 第二十七章 全世界最美味的漢堡
188 第二十八章 致富思考
193 第二十九章 致富情緒
198 第三十章 貧窮情緒
204 第三十一章 每日修心練習
209 第三十二章 勝利日誌

211 第三十三章 未來之鏡策略
214 第三十四章 克服恐懼
218 第三十五章 歸程

致謝辭

我誠摯地感謝我的出版商——勞里・弗拉克（Lauri Flaquer）。在我打算放棄時，勞里走入我的生活，提振我的士氣、激勵我。短短一年內，他就把我這沒沒無聞、自費出版的作家推上了亞馬遜暢銷書的排行榜，並蟬聯榜首連續八天。勞里讓我這名平凡的會計師搖身一變成為暢銷書作家。若不是因為勞里・弗拉克，我現在也不會寫下這些文字。謝謝你，勞里。

我要感謝幾位非常重要的媒體朋友讓我和我的致富習慣研究變得廣為人知：榮獲雅虎財經新聞獎的「Financially Fit」節目主持人法努許・托拉比（Farnoosh Torabi）；她是媒體界第一位冒險採訪我這無名作家的勇士。我們的訪談內容在網路上竄紅，獲得兩百萬人次點閱，也引起了戴夫・拉姆西（Dave Ramsey）的注意。戴夫・拉姆西擁有美國聽眾最多的廣播節目之一。這兩次的訪談讓我的第一本書《致富習慣：有錢人的日常成功習慣》（*Rich*

Habits: The Daily Success Habits of Wealthy Individuals）衝上二〇一三年七月亞馬遜暢銷書排行榜的第一名，並連續八天蟬聯榜首。戴夫持續支持並推廣我的研究，使《致富習慣》在二〇一三年的多數期間都維持在亞馬遜百大暢銷書之列。二〇一三年十一月，CBS波士頓電視臺（WBZ-TV）的主持人鮑勃・杜馬（Bob Dumas）訪問我，該內容被CBS旗下的七家電視臺買去，並在晚間新聞時段播出。那是我頭一回接受國家電視網的專訪，這讓我贏得了媒體界極大的信任。Credit.com的潔麗・迪特韋勒（Gerri Detweiler）訪問我的內容則被MSN財經買下。由於那篇訪談文章獲得大量的點閱數，MSN將它從後面的頁面移至首頁，讓《致富習慣》連續二十五天待在亞馬遜百大暢銷書的排行榜上。謝謝你們作為媒體的領頭羊，願意信任我，為我放手一試。

我要謝謝帕蒂・奧貝瑞（Patty Aubrey）給了我撰寫《從小致富》的念頭。我和帕蒂是在二〇一三年八月認識的，當時我們一起參與了由坎菲爾培訓集團（Canfield Training Group）舉辦的一週訓練營「突破自我邁向成功」（Breakthrough to Success, BTS）。我很感激帕蒂睿智的建議。帕蒂，謝謝你。

給所有為本書書稿提供建言的ＢＴＳ夥伴，謝謝你們。艾瑞克・惠特莫耶（Eric T. Whitmoyer）、愛恩・約翰斯頓（Aynne Johnston）、史塔爾・皮爾莫爾（Starr Pilmore）以及許多其他ＢＴＳ的夥伴，你們讓《從小致富》這本書變得更好看。我還想特別謝謝史塔爾，她幫助我視自己為一位成功的作家。儘管當時我連一本書都還沒賣出去，史塔爾的書《想像的樂趣》（*Fun with Visualization*）以及她的三十天想像訓練課程讓我能將負面思考轉為正面思考，並得以把自己想像成一位暢銷書作家。史塔爾幫助我把夢想變成現實。

給我的朋友邁可・卡勒（Mike Kahrer）——他總在介紹我給女主人、酒保、女侍者及其他誤闖我們娛樂活動範圍的可憐人時，故意嘲諷地稱呼我為「知名作家湯姆・柯利」——我要說謝謝你。邁可給《從小致富》的回饋對我幫助很大，他也是我在臉書上最強大的啦啦隊隊長。我真心感謝。

我想要謝謝賽瑞懷斯公司（Cerefice and Company）的全體職員，因為你們熱忱不懈、盡忠職守，我才能專心寫作。若不是他們辛勞地服務客戶，我不可能追求這意義非凡的寫作職志。我要特別感謝米娜・帕特爾（Mina Patel），她的工作操守、專業能力和強烈的責任心是本公司獲致成功不可或缺的要素。

我要感謝我的出版商 Mill City Press。Mill City Press 擁有良好的品質意識和極佳的應變能力，不斷超越我原有的高度期待。很盼望未來我們能長久保持這種互惠的夥伴關係。

最後，我要謝謝所有讀者。沒有你們，這本書就不會具有改變生命的力量。我畢生的任務就是要幫助人們看見改變習慣的重要性；唯有如此，人們才能過上期望中那快樂又成功的人生。

推薦序

《打造小小巴菲特 贏在起跑點》

作者 陳重銘

有一回晚上九點多我在公園附近散步，旁邊的私立中學才剛放學，看到一群背著沉重書包、神情疲憊的學生們，我的內心不禁感慨：「我們的孩子有必要這麼辛苦嗎？」

考上名校、到大企業工作又如何？台積電去年發放約二五〇〇億的股利，但是外資卻爽拿約二〇〇〇億。台灣的小孩從小辛苦讀書、擠名校，長大後認真工作，結果卻幫企業老闆跟外資打工一輩子。

靠自己的時間跟雙手賺到的錢，叫做「主動收入」，必須不斷付出才會進帳；但是有錢人跟外資呢？買進好公司的股票，只要專心持有領取股利，就可以安穩地賺取「被動收入」，也就是靠別人的時間跟專業賺錢。

我在《打造小小巴菲特 贏在起跑點》書中講到「一不做、二不休」的故事，一休和尚每天認真挑水，但是他利用閒暇時間來挖井，等到井水源源湧出之後，他這輩子再也不用挑水了；反觀沒有挖井的二休和尚，卻只能每天挑水而不得休息。

「挑水」是主動收入，必須持續付出時間跟勞力；「井水」是被動收入，只要辛苦打造一次，就會供養你一輩子。學生在校辛苦求學，學習專業知識和技能，為了出社會後能賺取一份「主動收入」，但這過程中，也有可能考不上名校、找不到好工作、懷才不遇……更有可能每天朝九晚五、辛苦加班，為了五斗米折腰，主動收入的背後有許多付出與辛酸，然而，僅僅擁有一份主動收入，離「財富自由」還很遠。

真正的財富是在「主動收入」外，找到合適的投資工具，一點一滴學會管理自己的資產，把支出為主的花錢方式，轉變成將「強迫儲蓄、積極投資」放在第一位的用錢習慣。在此之前，從小訓練孩子量入為出和拓展財源的毅力，培養工作時的專注力、控制力和等待成功的耐力等「富思維」也很重要。《從小致富》這本書強調的是若能從孩子還小時就培養起致富習慣，讓它如呼吸般自然，長大後就能更早實現財富自由，贏在起跑點。本書裡一些心態和觀念，與我自身著作《打造小小巴菲特 贏在起跑點》想傳達給父母與孩子的思維不謀而合。

望子成龍、望女成鳳，是每個父母的衷心期待，但從小逼迫小孩讀書、補習……孩子童年的歡樂不見了，孩子長大後也要辛勤工作數十年，這真的是我們樂見的嗎？

若能從小教導孩子投資的觀念和致富的思維，讓他們從「上班」這個牢籠掙脫出來，未來能過著自己想要的生活，人生也會開啟更多可能。人生不能只是讀書、工作、賺錢。學好正確的致富心態和理財技巧，孩子的未來才會是彩色的。

序言

人類很了不起。我們是地球上唯一有能力化想法為現實的物種。每個人都有夢想。我們夢想美好的事，從那些夢想中創造美好，藉由夢想中化「不可能」為「可能」。重點是：從無到有的創造力，是我們所有人天生固有、與生俱來的能力。我們的創造力無遠弗屆，只有乾涸的想像力和拘束人心的信念才會使人裹足不前。生而為人，不應為錢所苦、經濟拮据，或過著不幸福的人生。我們存在就是為了美好以及成就偉大。創造、生產、創新，和從錯誤中學習存在於人類的基因。我們本來就該過著富足的生活，幸福成功不該只是童話。

但幸福成功不會從天上掉下來，而是需要他人幫助，需要導師從旁提點。有無人生導師，是成功者和其他人的分水嶺。孩子能否幸福成功，家長的角色至關重要。教導孩子成功策略的家長，就是為孩子奠定幸福成功的基礎。循循善誘、教導孩子成功策略的好家長，是整體社會進步的原動力。這些策略會跟著孩子長大成人，最終，他們將擁有能實現個人抱負的工作，在情感和財務層面都獲得報酬。若我們的孩子將這些成功策略傳承下去，便成為一個世代相傳的成功循環。

《從小致富》將能幫孩子們將其潛力完全發揮出來，協助他們覓得生命中的幸福與成功。本書所涵蓋的成功策略是基於我對成功人士的日常習慣長達五年的研究。在我的暢銷書《致富習慣：有錢人的日常成功習慣》中，我提到了十個最重要的成功習慣。這本書則將我的研究發現更推進一步，與讀者分享成功人士從他們父母那兒學到的、鮮為人知的策略。這些策略十分獨特。從來沒有人進行過揭露這些祕密策略的研究，因此你是無法在別處找到的。本書確實具有革命性。

我寫《從小致富》的主要目的是幫助父母、祖父母成為他們孩子、孫子成功的良師益友。書中的策略將會提供他們培育出快樂、成功下一代的模板。上天賦予父母和祖父母的生命一份珍貴禮物；他們經常是孩子一生中能擁有良師益友的唯一指望。這本書將讓你成為更好的父母、祖父母，讓你成為傳授成功的導師。它會讓你具備那些直至現在為止，仍只掌握在社會最上層、最富裕成功的父母及祖父母手中的相關知識。這些知識會幫助你把孩子提升到你夢想成就的高度。

雖然我是為了所有想看到孩子成功快樂的父母及祖父母撰寫本書，但它也能幫助每一位想要釋放學生無窮潛力的教師。《從小致富》將會讓你從平凡的家長、祖父母或教師蛻變為下一代的傑出導師。

第一章　筆記本

我和我的大兒子布蘭登第一次一同出遊，我們正踏上旅程，前往一個最神聖的所在，一個所有傳說和奇蹟都會發生的地方。那時我們正在前去印第安納州南灣（South Bend）的途中，準備參加二〇一四年年初聖母大學對密西根大學的美式足球賽。到南灣是趟漫長的朝聖之旅，開車要十二個鐘頭。儘管車程很長，我們還是很期待能一起觀賞心愛的大學美式足球隊上場。

布蘭登是個運動控。幾乎每項運動他都嗜之如命。他把主力放在網球、棒球和籃球上，只要不干擾到這幾項運動，他還會穿插校內美式足球和英式足球的練習。布蘭登也對聖母大學美式足球隊極為著迷，有一部分原因是我造成的，畢竟在賽季期間，聖母大學根本就是家裡的精神食糧。我也曾在他五或六年級時介紹《豪情好傢伙》（Rudy）這部電影給他看。影片描述一名高中生夢想進入聖母大學踢球，是一個主角因努力不懈、克服重重難關，終於麻雀變鳳凰的經典故事。再來，當然還有我那知名的叔叔，他在聖母大學踢了兩年球，後來跟著教練跳槽到喬治城大學。聖母大學在我家是個熱門話題，布蘭登簡直像著了魔似的，幾乎天天都喊著要去那裡讀書。但唯一的問題是，他的成績不夠好。布蘭登就像周遭很多人一樣是典型的學習落後生，成績不到應有的水準，大多時候都拿「乙」，只有偶爾受到某些原因刺激時才拿一個「甲」。他的老師們在每場家長會上都不厭其煩地告訴我們，布蘭登很聰明。有位老師十分確信這一點，甚至為了證明自己是對的，說服我們讓布蘭登做一次智力測驗。結果他沒看錯，布蘭登的分數高過平均值。當我們告訴布蘭登這個結果時，他只是聳了聳肩，而當我們告訴他只有最頂尖的學生才能進得了聖母大學時，他又聳了聳肩。我們此行的主要目的，就是打算在布蘭登的屁股上點燃一把學術之火，如此他才能實現去聖母大學讀書的夢想。布蘭登才剛上高中，我想，如果他親眼見到了聖母大學的校園、體育場、金圓頂大樓，和比著「觸地得分」手勢的耶穌壁畫，他可能會比較願意把心思放在讀書上面。

旅途開始後不久，布蘭登奇蹟似地把目光移開他的手機，抬起頭問我關於筆記本的事。我從十二歲就把那本筆記本帶在身邊了，到哪兒都帶著，從不離身。

「我一直都會偷翻你的筆記本，趁你去晨跑的時候，」布蘭登坦承。

我吃了一驚，倒不是因為我的隱私被侵犯，而是這個十四歲的孩子竟會為了一本老舊破爛的筆記本放下他沉迷不已的手機。

「為什麼？」我問。

他轉頭望出車窗，彷彿在搜尋遠處的什麼。「你從來不說關於筆記本的事，但明明它就對你很重要。無論到哪裡都帶著，我們都在講這件事。」

「誰是『我們』？」我問。

「媽、克絲汀和凱西。我們一直問媽這件事，她說她從沒看過內容，但是和傑西有關。」

傑西就是家裡人稱的曾祖父賈伯斯。

「她說我應該直接問你。我受不了了，所以有天早上就去偷翻你的公事包，把筆記本拿出來看裡面到底寫了什麼。」

我調整了一下眼鏡，然後一邊把眼鏡推到鼻樑上，一邊思考著接下來要說什麼。

「然後呢？」我問。

「然後什麼？」布蘭登反問。

「你發現了什麼？你－學－到－了－什－麼？」我拖長語氣，一個字一個字地把句子講完。

「我以為會有什麼特別的、刺激的內容，以為你有什麼天大祕密瞞著我們，結果只是你每天在講的那些東西，那些致富習慣而已。我猜我只是以為那本筆記本還有更多東西吧。」

「確實有啊，小布。這本筆記本並不是你看到的那麼簡單，它背後有個故事。傑西在一九八四年的暑假教會我這些致富習慣，那年我十二歲。那年暑假改變了我的人生。這就為什麼我們現在能住在能眺望紐約市的海灣，為什麼你們都讀得起私立學校，為什麼我們能去夏威夷和迪士尼玩兩次，以及為什麼我們能去聖母大學旅行的原因。那年暑假，那些致富習慣，就是我們能擁有現在生活的原因。」

傑西是個傳奇，家裡人談起他時就像談論某位美國英雄一樣。對世人而言，他是傑西・賈伯斯（J.C. Jobs），史上最有名的作者之一。傑西寫過一百多本書，大多數是勵志書和成功守則。他的書曾賣出五十萬本之多。他成了國際名人，而且是那年代自我成長的大師。憑著他的書和教導，他幫助數百萬人獲得難以置信的成就和財富。他減少了世上的貧困，激勵了一個世代的百萬富豪。有些大學甚至以他的名字為校內建築起名。他的「致富習慣基金會」至今仍持續在三十幾個國家對學生和窮人傳授致富習慣的精要。對我們家族而言，他簡直像神一般受到崇敬。

「你所說的『那些東西』，是傑西一輩子的工作成果，但對我來說，代表了我人生中最精彩的暑假。你想聽嗎？不過有點長喔。」

「我們有十二個小時耶，爸。」

「十二個小時？你確定你可以那麼久都不看手機嗎？」我挖苦地笑著說。

「什麼手機？」布蘭登一邊按下手機關機鍵，一邊裝傻地笑著。

「好吧。雖然那是很久以前的事了，但還是像昨天那樣記憶猶新……」

第二章　澤西灣畔的暑假

傑西獨自住在一棟華美的維多利亞式房屋裡，距離澤西灣畔的馬納斯寬海灘僅一個街區之遙。爸爸告訴我奶奶在他們還很年輕時就過世了，傑西是單親爸爸，獨自撫養他們長大。他沒有再婚。爸說傑西太愛奶奶了，沒辦法再讓自己愛上別的女人。傑西是位執業會計師，卻因為寫了一本名為《致富習慣》的書而成為全球暢銷書作家，並在一夕之間成了家喻戶曉的人物。不久後，他便把全家搬到灣畔，我爸和他的兩個姊姊就在澤西灣畔長大。數年間，傑西把房子改造成更大的維多利亞式別墅，有六間臥室和四面環繞的陽臺。其中的三個房間設有上下舖，每一床可睡三個小孩，因此每個房間常會有六個表兄弟姊妹睡在一起。我們在那間灣畔房子裡度過了許多時光。每年復活節、感恩節、聖誕節和暑假，我和兩個姊姊，以及所有的表兄弟姊妹都會和傑西聚在這棟屋子裡。我們都以為那是我們的房子。傑西就是喜歡這樣被家人圍繞著。

每年暑假的每個連假週末都排滿了烤肉活動、高球旅遊和派對。傑西在後院蓋了一個穀倉大小的愛爾蘭酒吧，那裡真是人間天堂。他在酒吧裡儲備了所有種類的啤酒。傑西熱愛啤酒，但我從沒看他喝醉過。他總是說：「一切勿過度」。酒吧的主樓層有一座長型吧檯，旁邊放著正牌滾球遊戲機，還有一區放著各式各樣的電子遊戲機，「Pac-Man 小精靈」和「爆破彗星」（Asteroids）是我的最愛。另一區則是一座巨大壁爐，環繞著你所見過最大的L型沙發，甚至還有一個射飛鏢的專屬區域。酒吧有個地下室，裡面是客製化的寬敞雪茄房，從地下室一頭延伸到另一頭。傑西也愛雪茄。酒吧的頂樓是傑西的辦公室。家人不在身邊時，傑西基本上就住在那裡。他總是在寫書，準備某個演講或訓練課程。他從沒停止過教授致富習慣。家人總說他過勞，但傑西會說：「熱情讓人廢寢忘食。」傑西把所有的精力都投注在那些致富習慣裡。

我記得那時我剛放學回家。那是一九八四年，七年級即將進入尾聲，我正一心期待著暑假到來。我才剛脫下制服，坐在書桌前時，我媽就走進我房間。她說她和爸爸想了很久，決定要我整個暑假都和傑西一起待在灣畔的房子。我記得自己嚇得差點跌下椅子。我立刻告訴她，我絕對不可能整個暑假都不見朋友，只和傑西待在一起。我愛傑西，但他畢竟是我六十八歲的爺爺，我可不想整個暑假都和爺爺待在一起啊！我一時情緒激動地哭了起來。但媽媽不為所動。等到爸爸回家，才剛進門時，我就跳到他面前，請求他讓我待在家裡，結果只是爆發另一場爭吵，更多的大吼大叫和眼淚。但他和我媽形成了一條統一戰線，我要和傑西待上一整個夏天，沒得商量。我怒氣沖沖，跺著腳走回房間，用最大的力氣甩上房門，癱倒在床上，把臉埋進枕頭裡。幾分鐘後，我爸打開我的房門，在床邊坐下來。他輕拍我的背，告訴我他們為了這個暑假想了很多，也計畫了很久。爸爸說：「我們會做這個決定是有目的的。」

為了安撫我，爸爸說傑西答應讓我朋友偶爾去拜訪或過夜。即使我爸已經離開房間，我還是把頭埋在枕頭下。我不斷問自己，我到底做錯什麼了，他們為什麼要懲罰我？我想逃離家裡；事實上，我當晚真的在思考逃家的事。

我抵達灣畔房子的那一天，傑西拿著一本筆記本和一枝自動鉛筆來歡迎我。

「這是什麼？」我問道。

「你會需要的，每天都會。」傑西說。

對於傑西在那個暑假為我準備了什麼，以及那本筆記本將如何形塑我日後的生命，當時的我還一無所知。

第三章　致富的三大途徑

第一天早上，傑西將熟睡中的我喚醒。當時是一大清早，比我平時上學起床的時間要早得多。

「快點！起來做正事了！」傑西扯開嗓門說。

我揉著惺忪睡眼，只見傑西身穿慢跑裝，站在我的床尾，一副蓄勢待發的模樣。傑西那雙閃瞎人的霓虹黃 Converse 運動鞋相當奪目，我只能迴避目光，免得強光傷眼。

傑西個子很高，身高大概超過一九〇公分，體型瘦而精實。我從沒把他當成祖父輩的老人，因為他外表年輕，又總是閒不下來。我媽曾跟我和我姊說傑西每天力行運動，而且對飲食相當注重。他留著阿兵哥的髮型。我一直以為他以前是海軍陸戰隊的，但我媽說他只是喜歡留這種髮型。

我爬下床、伸懶腰和揉眼睛的同時，心想這個暑假算是泡湯了。

「去刷牙，十五分鐘後下樓，我們要走海灘的木棧道，」傑西邊說邊走出臥室，做出他對每個孫子都會做的招牌敬禮。他把右手舉到下巴旁邊，比出手槍的手勢，發出「咔噠」的上膛聲，像是對我們開槍那樣。我有預感我會愈來愈討厭這個敬禮手勢。

我的腳才剛踏上廚房地板，傑西就發號施令：「拿筆記本來。」

我又懶散地走回樓上，從衣櫃上掃下筆記本，再拖著懶洋洋的腳步進廚房。

「致富的三大途徑。」

我眼神茫然地望著餐桌對面的傑西。

「『致富的三大途徑，』寫在第一頁的最上方。」傑西下指導棋。

於是我把鉛筆從筆記本中間的線圈中抽出來，按傑西的指示在第一頁最上方寫下『致富的三大途徑』。

「筆記本先放桌上，我們晚點再做這件事，」傑西繼續說。

我們步伐輕鬆地走出門。我家離海灘只有一條街那麼遠，所以一下就能到木棧道。

「我們的流程是這樣，」傑西邊說邊把手搭在我的肩上。

「我們一塊散步，我說你聽。散完步就回家，我幫我倆做點早餐，再多講點讓你做筆記。然後我們一邊吃早餐，一邊複習課程內容，確定你都搞懂了。」

我很不諒解爸媽，腦海中不斷糾結地想著今年暑假會有多糟。我覺得他們根本是在懲罰我，但原因為何我完全摸不著頭緒。無奈我現在被困住了。整個暑假都要和傑西困在澤西灣畔。

我跟傑西就這麼散步起來，他也開始講課。

「要累積財富，目前已知的方法只有三種。一、量入為出；二、拓展財源，或三、同時做到第一點和第二點。

量入為出

我喜歡把它稱作80：20法則。道理其實很簡單，我稱之為致富習慣。這條法則要你將每筆收入的百分之二十存起來，學著靠剩餘的百分之八十過活。無論你的收入是多少都要這麼做。如果你加薪或得到獎金，也要抽出其中的百分之二十，連同日常薪水的百分之二十一起存起來。只要持之以恆，80：20法則會讓你早在退休年紀前就能攢上不少錢，累積許多財富。你也會是朋友和同事間少數的有錢人，因為可惜的是，多數父母都沒教小孩儲蓄的重要性，所以根本沒人存錢。

至於另外百分之八十 該怎麼花，以下是我的建議。等你年紀稍微大一點，這些建議就會派上用場了：

- 每個月不要花超過百分之二十五的實得薪資在房子上，無論房子是買的或是租的。百分之二十五的原則要守住。
- 每個月不要花超過百分之十的實得薪資在娛樂開支，其中包含看電影、上館子、去酒吧等等。
- 每個月不要花超過百分之五的實得薪資在汽車貸款，而且車子千萬不要用租的。租賃是貧窮的習慣。車子要自己買，好好養護。
- 不要積欠信用卡債。如果這正是你目前人生的寫照，這意味著你入不敷出，必須在某些方面減少開支。

- 投資儲蓄謹慎為上。千萬不要將辛苦攢來的存款賭在快速致富方案上。天底下沒有迅速致富這回事。複利的力量就能為你累積儲蓄，脫貧致富。
- 開始工作後，如果可以，將公司退休金計畫的提撥比率調為上限。
- 掌握每個月的支出流向。製作每月預算，追蹤支出項目。

傑西頓了一下。他似乎在整理思路。令我嘆為觀止的是，這些建議他居然能行雲流水般地講述出來。沒偷看小抄、沒帶錄音裝置，也沒準備索引卡，完全是深植腦海的記憶。過了一分鐘左右，他繼續往下說。

「有錢人多半不是因為錢賺得多，而是因為省得多。他們養成儲蓄的習慣，非到緊要關頭不掏錢。他們透過儲蓄累積財富。儲蓄和投資是兩碼事。儲蓄不會害你賠錢，但投資代表你願意承受風險，而且有可能賠掉一部分儲蓄。至於要從儲蓄中拿多少出來投資，取決於你的風險承受度。保守的有錢人不會將儲蓄的一分一毫置於風險之中，穩健的有錢人願意將儲蓄的百分之二十五到五十置於風險中，野心大的有錢人則願意賭上百分之五十的儲蓄。

有錢人要是把儲蓄拿來投資，通常會在下列項目中選擇一或多個項目進行：

- 自己的生意
- 退休金
- 如壽險之類有保障的產品
- 股票和債券
- 房地產投資
- 黃金
- 子女教育基金

累積財富不在於一次就要大獲全勝。領先的關鍵在於安打。安打數積少成多，你就是棒球賽的贏家。

拓展財源

這條途徑通常要冒點風險，或許需要你將部分儲蓄移作投資。風險多半涉及時間與金錢，但拓展財源不盡然涉及重大的財務風險。拓展財源的方式有很多，例如做兼職生意、從事多層次傳銷、創作某個能拿到跳蚤市場賣的商品，或培養一種日後能幫你賺更多錢的技能。這些事確實很花時間，但這才是重點所在，不是嗎？你很有效率地運用時間。這就叫做投資自己。你年紀輕輕，現在正是時候開始培養有朝一日能用來賺錢的技能。年輕時，時間絕對站在你這一邊，所以要把握良機盡可能多學一點新技能。等你長大，需要賺多點錢的時候，這些技能就會派上用場。倘若你急需用錢，也不怕沒有生財的一技之長。

雙管齊下

如果將80：20法則與「拓展財源」雙管齊下，你就能更快致富。拓展財源和80：20法則是許多金字塔頂端的成功人士累積財富的方式，因此可以不必為錢煩惱，輕鬆逍遙地退休。

我們散完步便找張長椅，坐下來看海浪拍打沙灘。傑西把目光從海浪移到我身上。「聽著，我知道你一定會想：『我到底是惹上什麼麻煩？我做錯什麼了嗎？』不過我要說的是：我愛你，你的爸媽也愛你，這是我的謀生工具，人們花大把銀兩請我演講，可不是看我長得帥。我知道怎麼讓人致富，而且是任何人。我不管你是家徒四壁、出生於單親家庭、父母雙亡，還是沒工作。也不管你是不是剛出獄的更生人，或者身體有殘疾。這些都不重要。」

傑西又將視線移回大海。「今年暑假我要傳授你的，將會翻轉你的人生。我要傳授你的，會讓你在人生中領先群倫。我今年暑假教你的東西，極少家長會教子女。就算在學校再待二十年，你也不會學到人生中最該學、也是最重要的事：如何致富，又如何得到幸福。之後再謝我就行了。」

我對錢並不怎麼在乎，畢竟當年我只有十二歲。我在乎的是打網球、打籃球、打棒球，還有看別人從事這些球類運動。第一次跟傑西散步回來，我真是氣死我爸媽了。

我非常肯定那年暑假對小孩來說，會是糟到無以復加的暑假。

傑西說到做到。他做早餐，並開始授課，我則在一旁做筆記。他把在海灘木棧道說的致富三大途徑原原本本複述一遍，而且是一字不動。感覺就像在聽錄音。實在太神奇了。

吃完早餐後，傑西把椅子拉到我旁邊，檢視我的筆記，如果找到我寫錯的地方，就叫我擦掉改正。我這才恍然大悟，原來傑西給我自動鉛筆不是沒有原因的。哇賽，他真是未雨綢繆、萬無一失。我們花了許多時間訂正，直到傑西滿意為止。

那年暑假早上的課，差不多都是這樣上的。講課、做筆記、訂正。這全在多數人起床展開一天之前就完成。

「累了嗎？」全部訂正完畢後，傑西問我。

「有點。」我說。

「好吧。那我先回辦公室。你可以睡一下，過幾個小時我們再繼續。」

不會吧，我暗自哀號。繼續什麼？我的暑假到底還能多糟？我實在很納悶。

在得到迫切需要的休息兩小時後，傑西回我房間把我叫醒。

「你媽有沒有幫你打包網球球具？」他問我。

「有啦！」我回話。此刻的我剛被吵醒，自然頭昏腦脹、牢騷滿腹。

「好。那我們去網球場吧。」

我真的沒興趣跟傑西打網球。拜託，他是我爺爺欸。我不管他是不是老當益壯，但再怎麼說，他都六十八了，而我是家鄉同年齡層中的佼佼者。我不忍心看一個六十八歲的老人家努力想擊中我發的球。但之後我轉念一想，決定復仇的時候到了。我要藉著在網球場上跟傑西對打，把今年暑假的怨氣統統吐光。我暗自揣想，跟傑西打完後，包管他再也不會邀我打網球了。我要給他點顏色瞧瞧。

我們抵達球場後，傑西打開他旅行車的後車廂。裡面塞滿了各式各樣的運動器材。棒球、球棒、籃球，以及網球裝備。他取出一個黃色的大籃子，裡頭全是網球和裝著網球拍的大袋子。我只有在電視上看職業網球選手走到球場上時，才見過這種網球袋。

傑西帶我們拉拉筋，側併步跑了幾趟，然後把他那籃網球搬到底線中央，說要先練一下基本功。接下來的四小時，傑西訓練我正手拍、反手拍、截擊球、過頂扣殺和發球。

練完之後，他向我下戰帖，要跟我打一盤。我暗想著，總算讓我盼到了，我要把你打到落花流水。

沒想到被打到屁滾尿流的人是我。我一局都沒贏。更慘的是，他發的球，我沒有一球能擊中。要不是來得太快，就是太旋。他第二次發的球是上旋球，直接彈過我頭頂，我根本搆不著。他大概只花二十分鐘就6：0把我徹底擊潰。我整個人完全處於驚嚇狀態。

「暑假結束前，你不只能打到我發的球，還能打贏我，」我們收拾網球用具時，傑西這麼對我說。

我覺得很難為情，想必傑西也感覺到了。

「聽我說，我從九歲起就開始打網球了，那是我生命中最沉迷的其中一件事。十七歲那年獲選東北部青少年組前十強，上了高中和大學都是擔任指導專家。所以不要難過，我們家族都很有運動細胞。你的曾祖父曾被職棒大聯盟聖路易紅雀選中。你的曾伯父進了喬治城大學籃球校隊的名人堂，還打了九年的職業賽事。你天生具備成功因子，你有成功的基因。其實成功深植於每個人的基因。人類生來就會獲致成功。每個人都擁有我所謂的天才基因，重點在於要學會去啟動它。這個話題我們明天再談。」

我們走回車子，傑西打開後車廂，把網球裝備全往裡倒，再關上後車廂，轉身面向我。「想不想打籃球？」他詭祕地笑著說。

我們終於在下午兩點回到家。和傑西打了四小時的網球、籃球和棒球，我實在筋疲力盡，不敢相信他身體居然這麼硬朗。我跟傑西大概投了兩百顆罰球，我投了一百顆棒球給他，還揮了幾百次球棒，全都是傑西投的球。這種操法，我簡直進了運動營。

回家以後，傑西把幾個漢堡放在烤架上烤，將戶外的野餐桌擺好。

「會不會覺得我很難搞？」我狼吞虎嚥吃漢堡的同時，傑西問我。

「我其實沒那麼難相處啦，」我還沒想到答案，他就搶先一步說了。

「這樣好了。一週操兵，一週休兵，」傑西低沉有力地說，接著進一步說明我們的暑修課表。

「一週努力，一週玩樂。休兵的那週你可以邀朋友到我們家過夜。邀多少朋友都可以。一個、十個、二十個都行，只要先讓我知道就好。努力工作也要努力玩樂。你要學著在努力工作之後好好犒賞自己。改天再講這個主題。」

傑西頓了一下，讓我有時間消化這個暑修課表。

「去聯絡一下朋友吧。看下星期誰想到我們家留宿。再跟我說有多少人。」

我竊想：才不要咧。我不會把他們拖來傑西魔鬼營的。傑西看出我的心思。

「聽著，下星期我安排了很多好玩的行程。我們要去謝亞球場看紐約大都會隊的球賽，還要開休旅車去露營過夜，之後再去大洋城遊樂園。我全都計畫好了。下星期不上課，只玩耍。」

我一吃完午餐，馬上奔向廚房打電話給朋友。

我就是這麼度過暑假的。一週傑西魔鬼營，一週開心玩樂。休兵的那幾週棒到沒話說。傑西實踐了他的承諾。至於週末，爸媽會來探望。見到他們真是開心，感覺每週末都是一次家族大團圓。

第四章　天才基因

第二天就像第一天那樣拉開序幕。我把筆記本帶到廚房餐桌，看傑西啜飲咖啡。

「今天我們要聊的是『天才』基因。」

我打開筆記本、掏出鉛筆，在某頁上方寫下：「天才基因。」

我們一走出家門，就開始正式上課。

「人類是地球上唯一有能力化思想為現實的物種。我們想像無形的事物，創造出有形的藝術作品。布魯克林大橋、艾菲爾鐵塔，還有西爾斯大樓。」

老實說，我不知道什麼是西爾斯大樓，也不知道它在哪裡，卻也再一次感覺傑西讀出我的心思。

「西爾斯大樓位於芝加哥。樓高一四五〇英呎，是世界上最高的摩天大廈，高度足以觸及雲端、聳入天堂。」傑西頓了一下，望向我。

「什麼是你的極限？」想必這是個反問句，因為傑西並沒有等我回答。

「答案是：沒有極限。人類是地球上最了不起的物種。我們在許多方面都是天才。」傑西又停了一會兒，讓我消化了再繼續上這堂課。

「許多書的主角是上帝，其中最知名的一本不外乎是聖經。當你讀到上帝，成為上帝的關鍵要素是一項獨特的特質：創造力。這項能力使上帝獨一無二。但上帝並非唯一能創造的存在，人類也具備這項特質。我們是地球上唯一與生俱來有這項能力的物種，能化思想為有形的事物。我們有做夢的能力，並能化夢想為現實。我們每個人都被賦予這種天才基因。那些創造者實際上就是在運用自己的天才基因。那些開啟天才基因、創造對社會有價值事物的人，被貼上『天才』的標籤，也得到社會的報酬。他們因自己的創作物而致富成名。我們只有在發揮創造力時才真正為人。儘管原因不明，但我們是世上唯一有幸得到這項獨特天賦的物種，能化想法為現實。那些在生命中投入創作的人，是全人類中最幸福、也是最有成就感的。過著幸福的生活，是運用天才基因的最大報酬。揮灑創造力是人生而在世的目標。可惜的是，對大多數人而言，這個基因處於休眠狀態。倘若不能運用天才基因，我們就永遠無法得知人生中的主要目標，因而迷失自我。迷失自我的人不在少數。」傑西陷入沉思、神遊太虛。他臉上一度浮現哀傷的神情，後來才繼續授課。

「當天才基因尚未啟動，你會發現自己過得並不快樂，不只經濟拮据，也無法將生命中的潛力發揮得淋漓盡致。運用天才基因，才能通往幸福、成功與富足。對它視而不見，則會墜入不幸、失敗與貧困。」

啟動天才基因

「如果你想要獲得真正幸福的人生，就必須啟動天才基因。啟動的方式是從事創意活動。創意來自許多形式。有的人，例如我自己，是靠書寫啟動天才基因；有的人則是透過音樂，有的透過教學、繪畫、建造東西、製作東西、發明東西、從事體育活動、演戲等等。關鍵在於那件你可以終生從事的創意活動，能夠為你帶來足夠的財富養家活口。如果你能在從事創意活動的時候也同時賺錢，那你這輩子都不用工作了，至少感覺不像在工作。而且你會樂此不疲，時時刻刻都想投入那件創意工作，就連週末也不例外。

如果你對自己謀生的工作沒有熱情，你的人生就不會成功；你也只能藉由追求創意活動來尋找人生中的熱情所在。你從事創意活動的同時，便是啟動了天才基因，天才基因會激發你的熱情，啟發你做更富有創造力的活動。沒有山岳能阻攔得了滿懷熱忱的人。只要找到熱情之所在，你就能移動山岳。至於怎麼做，留待明天見分曉。」

第五章　找到人生的主要目標

我醒來的時候，屋外正下著傾盆大雨。原本我篤定今天不用上課了，沒想到傑西在這一刻衝進我房間。

「這個雨會下一整天。別擔心，我們去健身房。」

傑西的車庫樓上有間豪華健身房，裡面運動器材應有盡有。跑步機、一臺叫階梯踏步機的玩意兒、健身腳踏車和自由重訓器材。只要叫得出名字的設備，那裡都有。牆面上掛著幾個二十吋的大型電視螢幕。至於傑西的階梯踏步機、跑步機和健身腳踏車則都有個臨時替代的書架。他說他運動的時候也看了不少書。

「我就是喜歡在健身的時候看書，」他說。「喜歡拿螢光筆畫重點，在頁緣做筆記。」

傑西躍上他的階梯踏步機，對我指向一臺附近的跑步機，我們祖孫倆就開始今天的課程。

「幸福很難以捉摸。多數人其實過得並不幸福。一位知名作家亨利・大衛・梭羅曾說過：『多數人都在安靜的絕望中過日子……』多數人之所以不幸福，是因為財務上捉襟見肘，原因不是入不敷出，就是工作無法帶來足夠的收入。而收入不夠用，很可能是因為你對這份工作並沒有什麼熱情。當你可以從自己熱愛的工作中賺取收入，你就會知道自己找到了人生的主要目標。

但要如何找到人生的主要目標？不管你相不相信，但能否找到人生的主要目標，完全操之在己。我會建議你這麼做：把所有你能想起來的、令你感到幸福的事物全都列出一份清單。但願這份清單很長。再來挑出清單上涉及技能的項目。接下來，為你挑出來的項目指派一種職務。然後依『帶來幸福感的程度』，幫你挑出來的這些項目排名，1代表帶來最多的幸福感，2代表帶來次多的幸福感，以此類推。然後依『帶來收入的潛力』，替這些項目排名，1代表帶來最高的收入，2代表帶來次高的收入，以此類推。最後要做的是將兩欄的數字加總。最低分的代表你生命中的主要目標。」

吃完早餐後，我和傑西把筆記重看過一遍，他幫我做了下面這張圖表：

說明	工作類別	幸福程度排名	$	總計
參與班代 競選活動	政治人物、 選戰經理人、專業 演說家	1	3	4
幫高中班上 辦滑雪旅程	活動企畫	2	2	4
在大學指導籃球	籃球教練	3	4	7
大學時兼差賣車	新車銷售員、新車 經銷公司負責人	6	1	7
為校刊撰文	記者、作家	4	5	9
高中時期 參加大學儲備軍官 訓練團	軍職	5	6	11

那天我在室內上運動營。傑西偶爾喜歡推翻慣例，有時我們每種運動都嘗試，有時候鎖定一種，而那天就是後者，只打棒球。我們前往當地離傑西家約莫一英哩遠的一間室內棒球場。傑西先是叫我練了一會兒揮棒，然後是滾地球，最後跟球場的投手教練一起練半小時的投球，為那一天畫下句點。

那名教練年輕時曾當過費城人隊的投手，現在退下來教小朋友投球。傑西說教練的三個「小孩」現在都在大聯盟打球，所以他算是小有名望。他教我丟曲球、螺旋球、滑球，以及上升快速球，又教我如何把球往內投、往外投、投高和投低。他說最好的投手在大聯盟待得最久，而他們都有個共通點，那就是對投球掌控自如，控制力是一大關鍵。於是，那年暑假我學會了控制投球。

第六章　成功翹翹板

隔天雨勢減緩，我們重回海灘木棧道上另一堂早課。

「今天我們要學的是『成功翹翹板』，還有如何讓翹翹板往對的那頭歪。」

於是課程正式開始。

「我們一天當中的活動有百分之四十是習慣，這表示有百分之四十的時間我們處於自動導航狀態。一天當中有百分之四十的時間，我們根本不去想自己在做些什麼，那百分之四十的時間我們都處於殭屍模式。那麼，如果你養成良好的日常習慣，這就是件好事。相反地，如果你的日常習慣很差，那就大事不妙了。我們都在近乎無意識的狀態下創造財富或創造貧窮。一個人是貧是富、幸與不幸，都要歸咎於日常習慣，」傑西說，然後繼續講課。

「我們的日常習慣主要源自父母。如果父母在養兒育女的過程中幫助你建立良好的

日常習慣，那麼你長大後很可能會富足而幸福。如果父母是用不好的日常習慣把你拉拔長大，那麼你日後很可能會貧窮且不幸。這是貧富差距的真正原因，也說明了為什麼窮者愈窮，富者愈富。

習慣儲存於我們的基底核，不偏不倚位於大腦的正中央。大腦刻意將人類的習慣跟大腦其他部分隔開，這樣才能運作得更有效率，畢竟啟動習慣不用花費什麼大腦的處理能力。這理應是件好事，因為大腦有了餘裕執行其他重要的功能。如果你有良好的習慣，那恭喜你，因為不用怎麼動腦，你就能邁向成功。不過，如果你習慣不好，那就糟糕了，因為不假思索，你就會邁向人生的貧困與失敗。但好消息是，習慣是可以改變的。

現在想像眼前有個翹翹板，再設想翹翹板的一邊全都是你的好習慣，另一邊全都是你的壞習慣。從現在開始我會將好習慣稱作「致富習慣」，將壞習慣稱作「貧窮習慣」。

那些在人生中享有富足與成功地位的人士，致富習慣遠比貧窮習慣多。那些一貧如洗、金錢左支右絀的人，貧窮習慣要遠比致富習慣多。至於那些卡在中間、不上不下的，我們稱作中產階級。中產階級的致富習慣和貧窮習慣數目相當。讓你的翹翹板往對的那頭歪其實很簡單，只要改掉幾個日常習慣就好。比方說，如果你是想要變有錢的中產階級，只要加幾個致富習慣，或減幾個貧窮習慣就能輕鬆達標。如果你是想要變有錢的窮人，就得加三、四個致富習慣，或把貧窮習慣戒掉愈多愈好。

我要講的重點是，窮人和中產階級往往只在於幾個習慣，也就是說只要在日常慣例中改掉幾件事即可。我幫你整理出一張表，幫助你理解我的重點。」

吃完早餐後，我們一同檢視我的筆記，我和傑西也研究了一下「傑西的致富習慣和貧窮習慣」。傑西打開廚房外的一個小桌抽屜，取出一段膠帶。

「喏，把那張表黏起來。」

於是我把你現在看的這張表黏在我的筆記本上。

活動	致富習慣	貧窮習慣
溝通方式	對於該說什麼又怎麼說，我相當謹慎小心	有話直說、不吐不快才是王道
每日目標	我每天都會記錄待辦事項清單	我沒有每天記錄待辦事項清單
延遲享樂	我未雨綢繆，為明天打算	我活在當下、享受現在
飲食	我注重日常飲食，每天絕不攝取超過 300 卡的垃圾食物	我想吃什麼、什麼時候吃，都隨心所欲，吃垃圾食物也可以
飲食	我會計算卡路里，並注重日常飲食	我從不計算卡路里
運動	我做有氧運動，每週四天、每天至少 30 分鐘	我沒有定期做有氧運動的習慣
命運	我不相信命運	我相信命運
賭博	我幾乎不賭博	我喜歡賭博或定期買樂透彩券
目標	我達成人生中的多數目標	我不會為自己設定目標
目標	我會把目標寫下來，並經常檢視	我沒有任何目標
運氣	我很幸運	我並不幸運，事實上我很不幸
晨間慣例	我在抵達工作地點前 3 小時起床，把時間花在閱讀、運動或其他能增進工作能力或知識的事上	我起床、淋浴，然後通勤上班

活動	致富習慣	貧窮習慣
建立人脈	我每個月花 5 小時以上建立人脈	我不喜歡交際應酬，能免則免
教養子女	我會教導子女良好的日常成功習慣	我的父母從沒教過我良好的日常成功習慣，我也不清楚要教自己的小孩什麼成功習慣
教養子女	我要求子女每個月做 10 小時以上的志工	我並不要求子女擔任志工
教養子女	我要求子女每個月讀兩本以上關於教育或自我提升的書籍	我不要求子女讀有關自我提升的書籍
閱讀	我每個月讀兩本教育或職場相關的書籍	如果我閱讀的話，會挑小說來看，不然就是純粹為了娛樂
閱讀	我每天花 30 分鐘以上的時間閱讀教育、自我提升或職場相關的書籍	我不會閱讀任何教育、自我提升或職場相關主題的書籍
儲蓄	我將淨收入的 20% 或以上納作儲蓄，靠另外 80% 過活	我沒有閒錢可以儲蓄
電視	我每天看電視的時間不超過 1 小時	我每天看電視的時間超過 1 小時
志願服務	我每個月花 5 小時以上做志工	我不常擔任志工

這趟和布蘭登一同前往南灣的父子檔行程，我已開了三小時的車。我轉頭看他，只見他把我的筆記本翻到成功翹翹板那一課，正盯著那張表。我頓時百感交集，一股強烈的父愛在我體內悸動。我這才恍然大悟，傑西在多年前傳授他的「致富習慣」時，一定也是這種感受。我感覺到愛。

「還想聽故事嗎？還是要休息一下？」我問布蘭登。

「爸，休什麼息啦。繼續講、繼續講。我想多聽點傑西的事。」

於是，一九八四年夏天我和傑西在澤西灣畔的故事，我就這麼繼續說下去。

第七章　雪崩式的成功

傑西跟我說：一無所獲的漫長乾旱過後，通常會迎來雪崩式的成功。他以這個話題為隔天的課拉開序幕。

「有時候，一無所獲會令人灰心喪志。想要成功，就必須耐住性子。之後，驚天動地的事件將會降臨在成功者的生活中，使他們的人生徹底改變。

成功得來不易。成功需要投入時間、堅持、熱忱，與近乎狂熱的執著。成功者不外乎是狂熱分子。他們沉醉其中。他們了解成功是一個過程。他們每一天都會做某些事，這是成功人士與凡夫俗子的分水嶺，也是他們致富的緣由。追求成功宛如踏上心理的地雷區。在追求成功的過程中所經歷的高低起伏難以言說，只要說成功的過程需要堅韌的決心和鋼鐵般的心志就足夠了。」

傑西接著往下說。「在通往成功的路上，你必須每天都做點事。富有的成功人士養成良好的日常習慣，其中大多是他們的父母教導的。他們將這些良好的日常習慣融入生活。這些良好的日常習慣就是他們致勝的法寶之一。多數人會在無意間從父母那裡染上壞習慣。這也是為什麼大多數人的財務左支右絀，成為勉強度日的月光族。

過去我有五年都在研究富裕人家所傳授給子女的良好日常習慣，因此歸納出邁向成功的十大習慣。這十大習慣正是成功過程的核心。我稱之為『致富習慣』。若你遵循這些致富習慣，就等於跟隨著有錢人士的步伐，將成功一點一滴導入人生。

不過，這需要投注時間。成功者明白只要每天按部就班地實踐致富習慣，就會愈來愈靠近『成功事件』，或者我所謂的『雪崩式的成功事件』。

藉由每天執行特定的事，套用致富習慣將成功導入生活，有錢人士知道他們實際上是為自己打好根基，迎接雪崩式的成功事件。若你每一天都遵循致富習慣，你就和雪崩式的成功事件越靠越近。」傑西頓了一下，深吸口氣。

「成功的祕訣在於每天遵循致富習慣。假以時日，『機運運氣』就會像山腰上的片片雪花不斷累積。這些雪花，這種『機運運氣』，最終會顯著增加，你的人生就會發生雪崩式的成功。這場雪崩其實是每天遵循致富習慣的副產品。和你每天遵循致富習慣、在日常生活中所付出的努力相比，財務上的獎勵顯得不成比例；然而，這是創造財富的現實。和你的日常努力相比，獎勵到來時似乎高得令人咋舌。雪崩式的成功總是奏效。數千年來，有錢人士都在使用這個技巧創造不可限量的財富。」

早餐期間我問傑西致富習慣是什麼。他說下星期會再詳細說明「致富習慣」的內容。於是我把筆記本先擱在一邊，等待下次上課。

第八章 休兵週

第一個休兵週我們簡直玩瘋了。傑西兌現諾言，讓我帶朋友到灣畔豪宅度過一週，簡直嗨翻了！傑西有個朋友爽快答應讓傑西使用他在謝亞球場的豪華包廂，觀看紐約大都會對上費城人。

「爸，謝亞球場是大都會隊的舊場館，對吧？」布蘭登問我。

「沒錯。幾年前拆了，改建新球場。現在叫花旗球場。」

布蘭登點點頭。

我們之前從沒進過豪華包廂。那裡有各種食物：熱狗、漢堡、薯條，應有盡有。

打了幾局之後，傑西帶我們參觀球場，還買了大都會隊的球衣和球帽送給我們。那天他花了很多錢在我們身上。我的朋友們都覺得傑西是全世界最棒的爺爺。

隔天傑西帶我們去位於波因特普萊森海灘的簡金森遊樂園，我們玩遍所有遊樂設施，買了棉花糖、蘋果糖，在電玩場裡打了電動，然後沿著木棧道散步。

第三天下雨，所以傑西宣布那天是「電影日」，我們去了一間大戲院，連續看了三部電影。傑西喜歡喜劇和科幻片，所以他和我們說好，如果我們跟他看完兩部他選的電影，他就跟我們看一部我們選的。

第四天我們去了「六旗大冒險」遊樂園裡的水上樂園。傑西陪我們玩了所有水上遊樂器材，包括自由落體——所有人坐進一根大管子，接著管子垂直下墜三層樓。那天天氣很熱，最適合玩得全身濕透了。

離開遊樂園後，我們全部擠進傑西的露營車，前往位於開普梅的大木湖房車度假村。到達目的地後，我們搭起了幾頂帳篷，傑西也把營火生了起來。我們圍坐在星光下，聽傑西暢談好幾小時他去過的國家和這輩子遇過的名人。他認識好多名人，傑西說很多都是曾和他學習致富習慣的學生。

最後一天傑西帶我們去海洋城動物園，那裡有各種野生動物：斑馬、大象、鴕鳥、袋鼠，還有一種大型的齧齒類動物，我們學到那種動物叫「水豚」。

那一週我和朋友說了關於傑西「成功營」的一切。我給他們看筆記本，甚至唸了幾段傑西授課的內容，他們覺得很無聊，我只好改變話題。他們喜歡運動營的內容，覺得挺酷的，還很希望也能有像傑西一樣的爺爺。休兵週結束後，我感覺內心有什麼開始攪動，那難以名狀的什麼很快就形成了一個想法：或許這個暑假還不算太壞。

第九章　成功人士的三大特質

帶著上週休兵開心的回憶，我心甘情願地重返慣例。傑西稱今天的木棧道課程為「成功人士的三大特質」。

「富有的成功人士統統具備這三項特質：專注力、毅力、耐心，」傑西說。

專注力

「專注力有兩種：強迫和自願的專注力，」傑西進一步解釋。

「強迫的專注力並不好玩。事實上，強迫的專注力有另一個更廣為人知的名字——工作。人們通常是為了趕截止期限或完成工作而強迫自己專注。

「自願的專注力完全是另外一回事。不是為了工作，而是獨一無二、自然發生的專注力。因為更為強烈也更持久，它可說是最強大的一種專注力。我們知道成功人士會為了達成目標聚精會神，為了追求主要目標，專注力能持續多年而絲毫不減。找到你人生中的主要目標會令你產生自願的專注力。當你找到人生中的主要目標，心中的熱忱便會創造一種驚人的執行力，它幾乎超出你的控制範圍，你會臣服於它的力量。這是我鑽研出來的公式：主要目標＝熱忱＝自願的專注力。

如果你滿腦子想的都是你的主要目標，你會發現自己已擁有自願的專注力。只要是醒著，你時時刻刻都想著它，而且開始為此執著。這股自願的專注力能讓你克服人生中所有的路障。等你找到人生中的主要目標，你就不用擔心『如何做』，因為真正重要的是『為何而做』。『為何而做』即是你的主要目標。一旦你找到了『為何而做』的原因，『如何做』的解答就會奇蹟般出現。生命會自動替你找出路。自願的專注力讓你變得更好、學習新的技能，並會加快彰顯創意的解決方案，克服擋在目前與未來現實間的一切阻礙。」

毅力

毅力是朝著目的或主要目標邁進所付出的持久努力。多數人都缺乏毅力，這也是為什麼多數人無法達到富有的境界。缺乏毅力即是人生失敗的主因。有錢人士會培養『持之以恆』的致富習慣。他們就是永不放棄，對於目的與主要目標相當執著。

人生很弔詭。追求夢想的時候，人生在我們面前設下阻礙，我們會問老天為什麼。人生讓我們走到半途遇上此路不通，我們會問老天為什麼。人生把我們逼到牆角，我們會問老天為什麼。對於種種的為什麼，我有自己的一番見解。人生就是要強迫所有的追夢人堅持下去。毅力能夠琢磨人心，讓我們在面對未來的阻礙時，更容易克服難關。人生不是要跟我們作對，而是要拉我們一把。每道關卡都是寶貴的一課，我們犯的每個錯都是在學習經驗。每遭遇一道關卡，就逼我們朝更高境界邁進。它迫使我們進化。每道關卡都讓我們離完美更進一步。」

傑西給了我一個例子。

「不列顛戰役是史上最長的一場空戰。英國皇家空軍堅持不懈地抵禦納粹德國空軍，保衛英國國土。經過將近四個月頑強的抵禦，德軍終於決定放棄入侵英國，將目光轉向蘇聯，就這樣結束了不列顛戰役，改變了整場戰爭的結局。」

耐心

傑西說對他個人而言，耐心是三項特質中最困難的一項。

「無論你的專注力多強、多麼有毅力，都需要時間的淬鍊才能造就成功。實踐人生的目標就是要花時間。人生是一場馬拉松，」他表示。

「你必須以這種心態面對人生，否則將會失去耐心、半途而廢。耐心源於信念，你要持續相信自己會達成人生中的主要目標。信念造就奇蹟。生命中出現的阻礙是要考驗你的耐心。你要了解，那些阻礙出現是有原因的，你會因此自我提升，也會更有耐心堅持下去。耐住性子，讓人生知道：『我會堅持到底，不達目的、不實現主要目標，絕不罷休。』

成功始終近在咫尺，它被堆成山的過錯與失敗掩藏，只是無法被立刻看見。成功很害臊，想要先多了解你一點，看看你是不是有真材實料。唯有先確定你不會輕言放棄，成功才會向你自我介紹。

不要理會那些在生活中斷言你辦不到的人。那些叫你停止做夢、停止追求愚蠢夢想的人，別聽他們的。說你不夠好或不夠聰明的人，左耳進右耳出就好。遺憾的是，多數扼殺你夢想的人，都是你最愛的、和你最親近的人。別讓他們阻攔你或將你打倒。你的能耐遠比你想像的還大。只要保持耐心，堅定不移地向人生的目標邁進。只有當你被逼到牆角，感覺夢想正被所有的失敗與過錯擊潰時，你才會驚覺自己原來這麼棒。就在你準備放棄，但基於某些原因堅持下去的那個瞬間，人生會對你眨眼。哦，那眨眼的瞬間多麼美好。總會有些無心插柳柳成蔭的事情發生，某些突如其來、你意想不到且從不曾奢望的事。只要你耐著性子，持之以恆，人生就會向你堅韌的意志屈服。從和你作對，變成與你結盟。」

吃完早餐後，我們走去傑西位於愛爾蘭酒吧樓上的辦公室。他的辦公室總令我驚嘆。半間辦公室看起來像座迷你圖書館，十幾個書架排成一列。傑西這個人很少吹噓。

他認為這是個貧窮習慣。可是說到他的藏書，他就會忍不住打破自己吹噓的貧窮習慣，對親近他的人說他擁有的書比美國第三任總統湯瑪斯・傑佛遜還多。當時我不曉得傑佛遜總統有多少藏書，於是開口問傑西。傑西說傑佛遜的藏書超過兩千本，後來轉賣聯邦政府，政府以他的書為基礎，興建了美國國會圖書館。

傑西遞給我一份選讀清單，列出他希望我那年暑假讀完的書。接著他拿一只大托特包，把包包交給我，叫我跟著他走。我們走到他個人館藏的勵志書區，傑西開始依照以下的先後次序從架上的書一本一本地取下：

一、《致富習慣》，作者：傑西・賈伯斯

二、《潛意識的力量》，作者：約瑟夫・墨菲

三、《卡內基溝通與人際關係：如何贏取友誼與影響他人》，作者：戴爾・卡內基

四、《心靈動力：西瓦心靈術》，作者：荷西・西瓦

五、《思考致富》，作者：拿破崙・希爾

六、《改造生命的自我形象整容術：整形醫師驚人發現——心靈容貌決定你的人生》，作者：麥斯威爾・馬爾茲

七、《信念的力量：開發你的內在能量，改變自我，逆轉人生》，作者：克勞德・布里斯托

八、《積極思考的力量》，作者：諾曼・文生・皮爾

九、《只用10%的薪水，讓全世界的財富都聽你的：有錢人都要用的巴比倫首富理財術，薪水再低，一樣能變富翁》，作者：喬治・山繆・克雷森

十、《世界上最奇妙的祕密》（The Strangest Secret），作者：厄爾・南丁格爾

取完書後，傑西把包包扛回家，走到我樓上的臥房。他把這一袋書放在我房間的書桌旁，然後往我床上一坐。

「這些書現在是你的了。暑假結束前，我要你讀多少是多少。」

傑西起身走向窗畔，凝視著窗外。

「來點不一樣的好了，」他說。

傑西接著轉身走回我的書桌，從袋子裡拿出《致富習慣》那本書遞給我。

「吃過早餐後，我希望你把這本書看完，大概會花你三小時。看完後，我會再給你一個驚喜。需要幫忙的話，我會在辦公室。」

傑西走出房間，我撲通趴到床上開始讀《致富習慣》。這是傑西寫的第一本書。大約三小時後，我把書看完了，然後就聽見傑西分秒不差地走上樓來。我還沒回過神來，他就站在我的房門口。

「看完了嗎？」

「看完了，」我回他「才剛看完，你怎麼知道我看完了？」我問傑西。

「那是我寫的啊！」傑西拉開嗓門說。「去拿你的網球用具，我們要去俱樂部。十點下樓來。」

傑西俱樂部裡有一名前職業網球選手，他指導過網球界幾位名將。兩名小時候曾受他訓練的選手——約翰・馬克安諾（John McEnroe）和維塔斯・格魯萊提斯（Vitas

Gerulaitis）現在已是網壇明星，所以他大可以嚴格挑選學生。多虧了傑西，那年暑假他選中了我。那位教練是傑西眾多致富習慣的追隨者之一，他本身也是致富習慣的講師。總之，暑假接下來的日子裡，他就是我的網球教練。

「暑假結束前你會開始贏得比賽，」他不帶感情地說，「你會學到如何思考布局，我會告訴你怎麼贏得比賽。」

他一邊說著，我們一邊走向球場，開始了那年暑假眾多訓練課程中的第一堂課。

傑西也替我安排了籃球和棒球教練——全都是前職業選手、舉國敬重的教練，也都是致富習慣的講師。傑西的人脈似乎無遠弗屆。接下來的暑假就按照這規律進行：傑西的授課、傑西的閱讀材料和傑西的教練。一開始令人難以招架，但幾天後，我開始愛上了這些例行公事。

第十章 了解什麼是運氣

隔天的課講的是運氣。傑西說這門課舉足輕重，因為很多人都搞不懂運氣，也不明白運氣其實有分種類的。

「財務成功很玄妙。財務成功需要好運。我從五年來的研究發現一件再深奧不過的事，那就是體認有錢人士會創造屬於自己的好運，這個道理後來也成了我個人財務成功的基石。反之，失敗者則相信那些有錢的成功人士純粹只是隨機好運的受惠者，是天時地利人和所促成的。事實上，成功人士會創造自己專屬的好運。他們每天固定做幾件事，幫助自己在生命中持續進步，並創造機會讓好運發生。如果要了解有錢人是怎麼創造運氣的，首先你得先了解四種運氣：

一、隨機好運

二、隨機惡運

三、機運運氣
四、有害運氣

隨機好運

這種運氣誰也控制不了，例如中樂透，或從你根本不認識的富有年長親戚那裡繼承財物，或含著金湯匙出生。

隨機惡運

當人們說他們沒運氣，通常指的是沒『好運』。事實上，我們在人生中全都經歷過隨機的運氣。隨機的運氣對誰都一視同仁，發生在不論貧富的每個人身上。遺憾的是，有時這種隨機的運氣是隨機惡運。被閃電擊中、老闆破產，或者一出生就有肢體上的殘疾，總之隨機惡運有千百種。

機運運氣

有錢人創造的好運就叫作機運運氣。每天固定做某些事的副產品就叫作機運運氣。想要創造好運，首先你要養成致富習慣。致富習慣會替你帶來財務成功。這些致富習慣正是成功人士和其他人之間的分水嶺。致富習慣和機運運氣是『成功』的一體兩面。倘若沒有養成致富習慣，機運運氣和成功都只是痴人說夢。每天將這些致富習慣身體力行，就是有錢人將運氣導入人生的祕辛。只有活出致富習慣，機運運氣才會不請自來。致富習慣會迫使你意識對機運的出現。你像是開了天眼，開始看見機運。這些機運時常是披著『工作』的外衣，有時則是以金融投資或投資時間的形式現身。有時機運運氣出現的形式是兜售某項產品或想法的普通人，或試圖推銷書籍的作家。那些實踐致富習慣並獲得難以想像財富的人，絕對都是機運運氣的受惠者。

傑西喜歡舉例來論述。

「不妨把機運運氣想成一棵樹。當你以某種方式過生活，將致富習慣體現出來，就是種下了機運運氣的種籽。你滋養灌溉種籽，將致富習慣身體力行，這棵機運運氣之樹就會開始成長。假以時日，你的機運運氣之樹終將會結出果實。把這顆果實想成是機運運氣的體現，它可能是加薪、升官、分紅、一筆意外之財、延年益壽、良好的人際關係等等。

我發現大多數的有錢人士都沒有意識到他們創造了自己的運氣。他們以為自己只是『幸運』罷了。一九〇〇年代的石油大亨讓・保羅・蓋蒂（J. Paul Getty）被問起是什麼造就了他的巨富。他的回答是：『石油有的人找到了，有的人沒找到。』就連蓋蒂都以為自己的財富只是隨機好運一場。基於這個理由，成功的定義蒙上了一層神祕的面紗，也才會有『財務成功的祕辛』這個說法。但幸好我研究之後有了一番發現，財務成功的祕辛再也不是祕密了。事實上，創造財富不外乎力行致富習慣，將成功導入生活，然後看機運運氣自我體現。

至於致富習慣是什麼，我們之後再聊。

有害運氣

伴隨著貧窮習慣，窮人會創造一種特有的惡運，我們稱作『有害惡運』。一如機運運氣之樹，這裡也有一棵有害運氣之樹。當你養成貧窮習慣，就是播下將來會長成有害運氣之樹的種籽。持續以貧窮習慣過日子，形同是把養分給了這棵有害運氣之樹。總有一天，這棵樹會結出果實。但當那一天到來，你可千萬要小心。長在有害運氣之樹的有害運氣果實，可能是財務崩潰、丟掉工作、降職、心臟病、糖尿病等等。如果你想要致富，就得消除有害運氣，招來機運運氣。至於怎麼做，方法就是養成致富習慣。習慣是可以改變的。人們天天都在改變習慣，這不是什麼不可能的任務。戒掉幾個貧窮習慣，再養成幾個致富習慣，只要花短短三十天的時間。擁抱這些致富習慣，你就一定能吸引機運運氣，築起阻絕有害運氣的防火牆。這就像是棒球中的二壘安打。只要養成致富習慣，就能讓成功的機率加倍。改變習慣等於改變運氣，進而改變人生。」

第十一章　良師益友的重要性

「人生中有了良師益友，就像有人把上千萬元存進你的銀行戶頭。良師益友的指導是致勝的關鍵。你可以在人生的五個地方找到成功導師：

父母

父母常是我們人生中得到導師的唯一機會。為人父母無不望子成龍、望女成鳳，希望他們成大後找到快樂與成功的人生。但快樂與成功不會無端從天而降。如果讓孩子自己做決定，他們會選阻力最少的那條路。只要可以不用寫功課，他們大概什麼事都願意做。所以孩子如何找到快樂成功的人生，就看父母怎麼教了。」

傑西頓了一下，望向沙地的彼端；凝視遠方的他彷彿腸枯思竭，正在腦中搜索適當的詞彙，看起來幾近痛苦。

「事實上，社會上多數人的貧窮都是父母要負責。不是怪經濟蕭條、政府無能，不該怪有錢人、大財團或老師。責任在父母身上。多年來，我在這個話題上跟很多、很多人起過爭執。有的人很難接受我們從父母身上學到的貧窮習慣，竟是自己貧困的原因。每個人都想把貧窮這件事怪到任何其他人或事上，就是不怪自己。他們不想為終結貧窮負起責任。這種心態讓他們一事無成，擺脫不了貧困。如果你老是把自己的處境歸咎於別人，又怎麼會有成功的一天？父母必須灌輸孩子致富習慣，為自己的人生負起責任。父母也該把致富習慣傳授給孩子。孩子總是會觀察父母，複製他們的行為和習慣。如果那些行為和習慣是貧窮習慣，孩子會照學不誤，將這些習慣帶進往後的人生。從父母身上學到貧窮習慣的孩子，長大之後抑鬱、失敗又貧困。更糟的是，他們又把那些貧窮習慣傳給自己的小孩，於是貧窮成了代代相傳的惡性循環。這也是為什麼窮者更窮。

有父母教導致富習慣的孩子，長大後會快樂、成功且富足。遺憾的是，那些以致富習慣養育下一代的家庭，只占每個國家大約百分之五的人口。這百分之五的人不用為錢掙扎、有豪宅可住、去最高檔的地方度假，而且一般都受過高等教育。最重要的是，在貫徹致富習慣的家庭裡成長的孩子會把這些習慣傳承給自己的小孩，而孩子長大後就會快樂、成功又富足。這個富足的循環會代代相傳，這也是為什麼富者更富。

還記得幾天前我們聊的成功翹翹板嗎？翹翹板的一邊是致富習慣，另一邊是貧窮習慣。人生中獲得成功快樂的關鍵在於超過百分之五十的日常習慣都是致富習慣。如此一來，你的翹翹板便會歪向成功快樂的人生。倘若超過百分之五十的日常習慣都是貧窮習慣，翹翹板歪向不對的那一頭，人生自然不幸福，你會捉襟見肘也就不意外了。

養兒育女遠不只是讓孩子溫飽；為人父母的必須成為孩子的導師。如果你希望孩子長大之後的人生成功快樂，就一定得做孩子的導師。坦白說，最好的父母都是孩子們的人生導師；不只是指導孩子成為能獨立行事的大人，而是要透過教養讓他們出類拔萃，往後擁有成功快樂的人生。這條規則沒有例外。你去看看任何成功的百萬富翁，就會發現至少有一位家長或非家長的導師灌輸他們致富習慣。」

老愛舉例的傑西，接著迅速點名好幾位有父母作為良師益友的成功人士：

「華倫・巴菲特

許多人或許不知道華倫・巴菲特的父親是一名證券經紀人。巴菲特成為全球最知名的投資人也不令人意外。他的導師正是父親。

甘迺迪家族

約瑟夫・甘迺迪是名非常成功的政治人物，以導師的身分教導兒子約翰・甘迺迪、鮑比・甘迺迪和泰德・甘迺迪：他們後來也都成為知名且成功的政治家。

約翰・昆西・亞當斯

約翰・昆西・亞當斯是第六任美國總統。他的父親約翰・亞當斯是美國的開國元老之一，也是美國的第二任總統。他的童年多半和父親在法國度過。父親傳授他致富習慣，灌輸他對學習的渴望，對他有極深遠的影響。

這些培養出成功子女的父母都有一個共通點：做子女的良師益友。他們的子女能在往後的人生出類拔萃也絕非巧合。

師長

最好的老師是成功的人生導師。老師能強化孩子們從家中父母那兒受到的教導，或者提供家中缺乏，卻對獲致成功極為必要的指引。

工作

在職場上找到能發揮導師功能的人，可以確保你在人生中獲致成功。至於該怎麼在職場上找到導師？很簡單。在職場上尋找你崇拜景仰的對象，請他們當你的導師。假設你在職場上找到合適的對象好了。你可以這樣請求對方成為你的導師：『約翰，我觀察您好一陣子了，您對自己的工作遊刃有餘、駕輕就熟。我很想追隨前輩的腳步。請問您願意當我職場上的導師嗎？』

約翰聽了這番話，怎麼可能拒絕？除非他是個混蛋，否則他一定受寵若驚，同意都來不及了。很多人不明白，成功人士很有意思的一件事，就是他們樂於助人成功。他們可以因此得到成就感。他們也明白當人導師不是一味的付出。教導他人的同時，你也磨練自己，成為更好的老師。要能『教人』，你必須先在某個領域成為專家。當人導師，其實雙方都能受惠。假以時日，你和你職場上的導師關係會愈來愈緊密。他們與你分享的經驗也不再侷限於工作場合。職場導師教你的成功祕訣不只關乎職場，也擴及人生。他(或她)會與你分享道德觀、成功守則與致富習慣，也會與你分享他們曾犯過的錯、學到的教訓，免得你重蹈覆轍。如此一來，職場導師為你將通往成功的道路鋪得更平坦了。他們替你移除了路上的石塊、填平了坑洞，也移除了繞遠路的號誌。除了父母的教導外，職場導師是你通往財務成功最直接的路徑。

萬一找不到合適的人選呢？還有其他方法助你找到人生導師。比方說參加拓展人脈的團體。想要認識專業領域內外的新朋友，參加建立人脈的活動就對了。假以時日，你和團體的關係會愈加緊密，你也能判斷哪位傑出人士適合當你的導師。

在非營利機構或民間組織擔任志工也是認識人生導師人選的大好機會。許多富有的成功人士都會參與各種非營利組織的董事會，或在每個非營利機構設立的不同委員會工作。你會在這些非營利機構認識許多傑出人士，他們足以勝任你的導師。貿易團體或組織是另一個管道，供你找到產業內的導師。參與這些貿易團體就有機會認識導師人選。

書

許多成功人士都將自己在人生中的成就歸功於勵志／成功書籍作家，如戴爾・卡內基、厄爾・南丁格爾或奧格・曼迪諾。這些作家可作為你的人生導師，透過他們撰寫的書為你指引方向，讓你知道該做什麼、不該做什麼，以助你達成目標。最適合作為『導師』的書莫過於勵志書和偉人傳記。這些書有的我放在包包裡給你了。你可以把每本書都想成你的導師。

逆境

當你從逆境學到致富習慣，基本上你就是自己的導師了。你教會了自己，從自己的錯誤與失敗中學習。這條路不好走，因為錯誤與失敗通常使你耗費時間與金錢。」

第十二章　貧富的意識型態

「關於貧富，有意見相左的兩派說法，分別是：

一、「我是受害者」派和

二、「個人造業個人擔」派

「我是受害者」派

這一派認為貧窮不是一個人可以控制的。你是大環境下的受害者。個人的責任、行為和習慣統統無關。人生辜負了你。非你能控制的外在環境主宰了你的貧窮。你或許出身清寒、家庭不健全，或生長在龍蛇雜處的環境，或選擇工作的產業薪資低廉，或你單純只是隨機惡運下的受害者。這種意識形態唯一有價值之處是，對少數人而言，這派說法確實有一點真實性。身體殘疾和多寡不一的疾病，確實會以你意想不到的方式來考驗你。遺憾的是，這個意識形態的擁護者把這些例外無限上綱，套用在貧困的所有面向。但事實上，對絕大多數的人而言，貧窮都是自己造成的。擁戴受害者意識形態的人將貧窮視為「善」，將富有視為「惡」。這種意識形態等同於全力抨擊個人去追求成功興旺。它的目的就是創造受害者的狀態、依賴，以及有限的機遇。更糟的是，它對於貧窮者毫無幫助。事實上，理直氣壯地認為自己不用對人生的處境負責任，就是貧窮的一大元兇。

如果你沒有每天努力提升自我，自然不會改善人生的處境，也就會一直這麼窮下去。如果你不相信自己會成功，自然不會改善人生的處境，也會一直這麼窮下去。別信「我是受害者」這個意識形態。推行這個意識形態不是無知，就是要刻意害人窮下去。遺憾的是，有些出身清寒的人卻接受這個意識形態，導致自己永遠無法擺脫窮困的泥沼。更糟的是，拖累孩子過著窮困、不幸又消沉的人生，除非他們是少數的幸運兒，能在校園或職場找到人生導師。否則那會是世代相傳的貧窮循環。

「個人造業個人擔」派

這一派的擁護者認為富有或貧窮是個人行為、個人選擇和個人習慣的副產品。他們相信你有能力改變自身的處境，而且只要努力、願意終生不斷自我提升、在人生中做好的選擇、培養良好的習慣，就有機會脫貧。這一派也認為追求精進自我、改善周遭環境的人，能創造自己專屬的好運，財富也會接踵而來。他們也相信那些不願追求精進自我、改善周遭環境的人，會製造自己專屬的惡運，貧窮也會接踵而來。這個意識形態認為你不是受害者，你有能力改善人生中赤貧的環境，獲得無可限量的財富與成功。富有的成功人士無不支持這個意識形態。」

第十三章　紐約市

爸媽姊妹在灣畔別墅與我和傑西又度過一個週末後，和我們道別，踏上回家的路。我們在陽臺上目送他們開車離去，傑西一定察覺到了我的難過。

「你的朋友什麼時候來？」他問。

「五點左右，大約再一小時，」我回答。

「我替我們這週安排了很好玩的計畫哦！」

我的眼睛亮了起來。「要做什麼，傑西？」我耐不住性子追問。

「去紐約一個禮拜。我在曼哈頓中城訂了飯店，明天一早就出發，早上七點會有一輛派對巴士來接我們。」

搭巴士到紐約太帥了！我們全都興奮不已，期待破表。傑西訂了廣場飯店的一間套房，就位在中央公園的對街。早上九點我們抵達飯店，把行李的東西拿出來放好、吃過早餐後，就散步到對面的中央公園。公園外圍停滿馬車，傑西租了兩輛，帶我們繞公園參觀。馬車是中央公園的重點特色，散發出皇室莊重高貴的氣息，彷彿來自英國白金漢宮的聖物。馬兒看起來是那麼美麗、強壯。

那是個風和日麗的紐約市早晨，陽光普照，遊客如織。攤販兜售著紀念品、書籍和各種小吃。馬車繞行公園大約花了一小時。每當車伕想要指給我們看例如巨石等景物時，就會把車停下來。他向我們解釋，這些巨石是在一萬年前的冰河時期形成的。冰蓋把深入地底的岩石推擠上來，然後推著它們緩緩移動。他還告訴我們，紐約市的地層是十億年前兩塊超大陸相互撞擊而成，因此創造出堅實的岩床，讓建築師能在上面建造摩天大樓。

馬車觀光結束後，傑西安排我們騎單車遊中央公園。導遊帶我們去了公園內所有馬車到不了的地方。他也為我們上了一堂歷史課，不過這次是關於公園本身。這是美國第一座公共公園，一八〇〇年代中期由兩萬名愛爾蘭勞工所建成。我們一路走走停停，好讓傑西幫我們拍攀爬巨岩的照片。單車遊結束後，我們去了中央公園動物園，然後漫步至溫室花園。傑西告訴我們溫室花園其實包含了三座花園：法國、義大利和英國花園。我們穿過巨大的「范德比爾特門」（Vanderbilt Gate），走進義大利花園裡的一處開放空間。那裡有一片被層疊排列的樹籬包圍的草地，四周圍繞著白蟹蘋果樹，還有一座同樣由樹籬圍繞的大噴泉，從那兒可一路通到「棚架」（pergola）。棚架貌似格子涼亭，彷彿是希臘歷史課本裡才有的建物。

我們在中央公園裡一間名為「綠苑酒廊」（Tavern On the Green）的知名餐廳吃午餐。傑西認識老闆，早已安排好我們去那裡用餐，不用說，我們又受到了貴賓級的款待。

午餐過後，傑西帶我們去船屋租了幾艘小船。我們一邊划船，欣賞水上風光，一邊互相潑水嬉鬧，好玩極了。

划完船後，我們都累壞了，於是回到飯店，一夥人坐在套房客廳的大電視機前看電影。這是我們頭一次用錄放影機放電影來看，朋友們都覺得酷斃了，有的人則是體力不支，在電視機前的大沙發上睡著了。這一天真難忘啊！

那天晚上，傑西帶我們去一間名為「吉米・威思頓」（Jimmy Weston's）的知名運動酒吧。酒吧裡有種叫「有線電視」的東西，每臺電視都播著不同的體育賽事。餐廳中央的一面巨型電影銀幕上在重播著羅伯特・杜蘭（Roberto Duran）和舒格・雷・倫納德（Sugar Ray Leonard）的舊拳擊賽影片。

第二天，傑西叫了幾輛計程車，把我們載到市中心一個稱為「南街海港」的地方。傑西陪我們散步到寬闊的露天海上平臺，有直升機在那兒起降。有人走向傑西，引導我們走向一臺巨大的直升機，並招呼我們都上去。朋友們欣喜若狂，我卻嚇得無法動彈。傑西在我身旁的椅子坐下來，看了我一眼，說：「不要擔心，有我在。」我們得戴上飛行員耳機才能阻隔直升機旋葉的噪音。沒過幾分鐘，我就忘了我們已飛入高高的天際，並開始將美景盡收眼底。我們在直升機上待了一個半鐘頭，感覺卻只有短短幾分鐘。盡情玩樂時，時光總是一溜煙地過了。

但傑西還沒喊停。我們接下來又沿著港灣走了很久。我們路過前往史泰頓島的渡輪口，繼續走到一個名為砲臺公園的地方。我們在砲臺公園搭上了一班前往埃利斯島的渡輪。埃利斯島是十九世紀中期許多愛爾蘭及義大利移民來美的落腳處。

參觀完埃利斯島後，我們又搭上另一班渡輪抵達自由女神像。那時我們才知道原來自由女神像是法國送給美國的禮物。我們爬上窄仄的階梯，一路走到塑像頂端，從那裡眺望史坦頓島、紐澤西州和綿延百里的哈德遜河。一走到頂樓，我就開始焦慮起來，傑西發現我的不安，便伸出手臂環抱住我，把我拉近他身邊。不到幾分鐘我就冷靜了下來。

從自由女神像回到市區後，我們走去史坦頓島渡輪口，參加往返曼哈頓島的跨哈德遜河之行。我們在渡輪上享用了熱狗和汽水，傑西則對我們娓娓道來史坦頓島渡輪上溯至十九世紀中期的歷史。他說史坦島渡輪是由康內留斯•范德比爾特（Cornelius Vanderbilt）經營的公司，他是一名來自史坦頓島的富有實業家。渡船靠岸時，我們全都從船艙裡跑出來看，傑西又拍了幾張照片。我們在晚餐前回到了廣場飯店。傑西覺得可以請客房人員送餐，然後待在房間看場電影，所以我們就這麼進行。

第三天，傑西帶我們去參觀帝國大廈，最後在觀景臺上，參訪行程告一段落，我喃喃自語地說：「怎麼到處都這麼高啊！」似乎這許多攀高的活動，都是傑西的有心之作。觀景臺周邊都設有觀測臺，能讓你眼睛所見的一切景物都放大數倍。我和朋友們一邊爭奪著最佳觀測臺，一邊打打鬧鬧。真好玩！一個小時後，傑西又領著我們到洛克斐勒廣場四處閒逛，飽覽風光。

接著，我們去了聖派翠克教堂，教堂內裝飾著許多美麗的花窗玻璃。那是我們去過的教堂中最宏偉的一座。

然後我們又出發到自然史博物館。我對博物館一向不太感興趣，但這間博物館裡有太多稀有的館藏，令人驚嘆不已。其中「靈長類動物館」有真實尺寸的大猩猩標本，另一館展示人類的演化歷程。此外，還有收藏各種恐龍化石的化石館、天文館，以及展示全世界最大隕石的專區。我們那天學到了好多新知，而且是很愉快的學習體驗。

第四天，傑西帶我們去康尼島。我們花了一整天玩遍一座又一座遊樂設施。我們一行人還全都搭了一趟「奇幻摩天輪」（Wonder Wheel），那是我這輩子見過最大的摩天輪。我再次發現自己身處高空，而傑西在我身邊，用手臂環抱我的肩膀。結束後，我們又去參觀康尼島的水族館。所有行程結束後，我們早已精疲力盡，連傑西都顯得相當疲憊。

我們在第五天踏上歸途。派對巴士一早就來接人，沒多久，我們又全都回到了傑西的陽臺上，七嘴八舌地討論起這趟驚奇的紐約之旅。傑西對我和我的朋友而言，簡直就是神。

第十四章　致富習慣

所有人都聽過致富習慣。傑西的那本書曾聞名全球，被翻譯成三十國的語言，讓傑西成為家喻戶曉的名字。我知道這會是傑西在這個暑假最重要的課程之一。那整週他必須要把致富習慣和貧窮習慣的課程分批教給我。

「我們每天的習慣決定了我們為何是有錢人、窮人或中產階級。我們的日常活動裡有百分之四十是習慣，也就是說，每一天，我們有百分之四十的時間都是靠慣性在生活。若我們的致富習慣比貧窮習慣多，就會過得美好，也會快樂。反之，若我們的貧窮習慣比致富習慣多，就會過得很辛苦。財務困境會出現，造成壓力，使我們不快樂。我們所有的習慣都儲存在基底核裡。那是一個高爾夫球大小的組織，不偏不倚位於大腦的正中央。習慣能減輕大腦的工作量，只要處理和習慣有關的事，大腦就幾乎不必費力氣。習慣在形成並儲存到這個區域後，只要是與該習慣有關的一切，大腦的其餘部分就會停止參與決策制定的工作。

日常習慣分為兩種：

一、一般日常習慣

二、核心日常習慣

一般日常習慣是簡單、基本且獨立的習慣，例如我們早上起床的時間、上班的路線，或我們拿叉子的方式等。核心日常習慣則是獨特的日常習慣。它們之所以獨特，是因為它們影響了其他的一般日常習慣。核心日常習慣就像清道夫一樣，它們四處移動，搜尋較虛弱的一般日常習慣然後吃掉它們。通常它們會清除掉的是那些與核心日常習慣站在對立面的一般日常習慣。讓我舉個例子來說明：

現在是新年，你的新年目標就是減重。你超過標準體重約二十五公斤。你有位好朋友是個跑者，他說要快一點瘦下來的方法就是跑步，所以你決定開始慢跑，而慢跑是個致富習慣。你很討厭慢跑，但這樣跑了一個月左右，你瘦了五公斤。一天晚上，你出席了一個社交場合，某個你認識的人稱讚你減重有成，而且整個人看起來棒呆了，於是你帶著愉悅且動力滿滿的心情回到家。你感覺飄飄然，而且異常振奮。隔天早晨，你決定要少吃垃圾食物（這是個貧窮習慣）、不再暴飲暴食（另一個貧窮習慣）。你決定要多跑步，減掉更多重量，所以你決定要少抽點菸（這是貧窮習慣）；你知道抽菸會阻礙呼吸，限制慢跑的速度和距離。僅僅是採取一個「慢跑」的核心日常習慣，就清除了三個一般日常習慣：吃垃圾食物、飲食過量和抽菸。這就是為什麼核心日常習慣這麼獨特。它們是改變你那些貧窮習慣的催化劑。

專家們對於改變習慣的方式、所需時間，以及是否真有可能甩掉習慣等問題爭論不休，但我刻意把致富習慣設定為核心日常習慣，好讓這些習慣產生最大效益。僅僅採納一個致富習慣，就能消除兩個或兩個以上的貧窮習慣。你所要做的就是增加一或多個致富習慣，那麼你的貧窮習慣就會開始奇蹟般消失。這就是致富習慣的力量。它們靠情感運作，而不是意志力。當你在例行生活中加進幾個致富習慣，它們就會吃掉你的貧窮習慣，使你的翹翹板往成功的方向傾斜。

以下有十個致富習慣，如果你養成這些習慣，就幾乎能保證你的生活會變得快樂又成功。讓我們一一說明是哪些。

致富習慣＃1：我會養成良好的日常習慣，並且每天身體力行

在所有的致富習慣中，這一個是最為重要的。它是建立所有其他致富習慣的基石。我喜歡稱這個致富習慣為『自我評估習慣』。『自我評估習慣』要你把自己所有的壞習慣都列出來，然後把它們轉變為好習慣。例如，為了娛樂看電視超過一小時是個壞習慣，而你的新習慣就是限制自己一天只能看一小時。」

傑西說完後看著我。

「你今晚的功課就是把你的十個壞習慣列出來，然後把它們轉變成好習慣。你能為我做這件事嗎？」

「當然，」我回答。

傑西轉過身繼續上課。「有些偉大的歷史人物非常努力地進行自我評估、追求自我進步。班傑明・富蘭克林和喬治・華盛頓甚至曾列出好行為活動的清單來幫助自己去除缺點或壞習慣。富蘭克林的清單就是大家熟知的『十三項美德』，他在二十歲時就編寫出這份清單，並且花了一整年很認真地實踐這些美德。喬治・華盛頓的清單就是為人所知的『華盛頓的謙恭處事準則』，當時他還只是個青少年。這兩個對自我進步著迷的狂熱分子後來獲得巨大的成就，難道只是偶然嗎？我可不這麼認為。

致富習慣＃2：我會為每天、每月、每年以及長遠的未來設立目標，並且每天都為目標而努力

成功人士會設定每日、每週、每年和長期的目標。他們明白願望和目標是兩回事。這是個滿大的題目，所以我們之後會再多談一些。

致富習慣＃3：我會每天身體力行自我提升

成功人士每天至少會閱讀半小時與自我提升有關的內容。他們會看書（或聆聽）書籍、文章或新聞等。他們會研究對工作有幫助的事物，會去參加研討會、聽演講，或在夜校進修。他們也會進行與工作相關的寫作和演說。這是第二重要的致富習慣，我之後會花更多時間說明。

致富習慣＃4：我每天都會花時間照顧自己的健康

成功人士是健康人士。他們一週有四天會做有氧運動，每次至少半小時以上，並且會管控自己的『熱量閾值』。『熱量閾值』是指讓你維持在目前體重的每日所需熱量。以男性來說，這個數值會落在每日二〇〇〇～二六〇〇大卡這個範圍內，以女性來說，會落在一五〇〇～二一〇〇大卡的範圍內。關於這一點我也有一堂單獨的課程。

致富習慣＃5：我每天都會花時間建立長久的人際關係

成功人士每天都會經營他們的人際關係。穩固的人際關係是成功的籌碼。他們會用一些特定方法來培養這些關係，例如『問候電話』、『生日祝福電話』和『生命重大事件電話』。我們改天會再多談一些。

致富習慣＃6：我每天都會力行節制的生活

成功人士每天都奉行節制的準則。他們飲食節制、花費節制、工作節制，玩樂也節制。他們住的房子樸素適中、開的車也一樣。他們遠離名牌服飾和昂貴的高級餐廳。

致富習慣＃7：我每天都會把一天該做的事完成。我採取馬上行動的心態。

成功人士會完成列在每日工作清單上至少百分之七十到八十的任務。拖延是個貧窮習慣，改天我會多花點時間談這件事。

致富習慣＃8：我每天都會抱持致富思考

成功人士會抱持著『致富思考』。他們樂觀積極，專注於理想的實踐。這是另一個非常重要的致富習慣，改天我會再用一堂課專門談這件事。

致富習慣＃9：我會將每份薪資的百分之十到二十儲蓄起來

有錢人士會把收入的至少百分之十到二十存起來，靠剩餘的百分之八十到九十生活。我們在第一天已經講過80：20法則了，這裡就不浪費時間重述了。

致富習慣＃10：我每天都會控制自己的思想與情緒

成功人士會控制他們的思想和情緒，沒有一天例外。這也是我之後會再解釋的主題。」

我看向布蘭登。「那是整個暑假傑西上過最長的課之一，我們花了好幾天才全部上完。傑西說那是他所有教導的核心。從此以後，我大概讀了十幾遍他寫的《致富習慣》。那本書在筆記本的後面口袋裡。」

布蘭登把筆記本翻到最後一頁，找到了書。

「篇幅很短啊，」他邊說邊翻閱著。

「對啊，傑西說他故意寫得很短，讓大家願意讀。只要大約三小時就能讀完了。你想要的話，等我們從聖母大學回來的路上可以看看。」

布蘭登點點頭。我們已經開了一半的路，筆記本的故事讓時光不覺地飛逝。

「下一堂課叫做『貧窮習慣』，爸，」布蘭登說。

「對，貧窮習慣。我們來談談貧窮習慣吧。」

第十五章　貧窮習慣

那個暑假，傑西不斷告訴我，因果法則決定了我們的人生是富裕或貧窮。「致富習慣是因，成功是果。貧窮習慣是因，貧窮是果。知道人生要做什麼固然重要，但知道人生不要做什麼也同等重要。認識了致富習慣只能讓你走到成功的半途而已。現在我們來講一些阻礙人前進的貧窮習慣。

- 每天看一小時以上的電視。
- 每天吃三百卡路里以上的垃圾食物。
- 每晚喝兩杯以上的啤酒、紅酒或烈酒。
- 沒有一週四天、一天做至少三十分鐘的有氧運動。
- 你的人際關係建立在「需要」的基礎上。你只有在需要社交、遭遇困難或需要幫助時才會聯絡朋友。你不會在平時就打電話給他們，無論只是為了問候、說聲生日快樂，或為了他們的人生大事而恭賀或安慰他們。換句話說，除了社交需要或有所求時，你才會聯絡朋友。

- 拖延成為通則，而不是例外。你沒有安排每日的工作清單，或者即使你有清單，卻沒有完成至少百分之七十的待做事項。
- 工作之餘，你很少花時間在替你事業加分的事情上。你沒有每天讀至少三十分鐘具教育意義、自我提升，或與工作相關的閱讀材料。
- 你沒有每個月花至少五個小時拓展人際關係網絡或擔任志工。
- 在工作上，你只完成最基本的份內工作；你得了一種「這不歸我管」症候群。
- 你說得太多，聽得太少，你違反了5：1原則。我晚一點再詳述這個原則。
- 你常出言不遜，說出不恰當的話。你要說的話沒經過大腦的謹慎過濾，你有話直說。
- 你很自豪自己心直口快，即使傷了人也不在乎。

- 你在人際關係方面吝於付出自己的時間和金錢。
- 你會花錢，不會存錢。你每個月沒有存下自己淨收入的百分之十到二十。這又回到80：20法則了。
- 你入不敷出，被債務壓垮。
- 你沒有每天控制自己的想法和情緒。你太容易發脾氣，又太容易貶低他人。你會嫉妒別人。我們晚點再來談貧窮情緒。
- 你認為願望就是目標。目標需要透過特定的身體勞動來完成，否則就只是願望，願望不會自己成真。關於目標我會用單獨一堂課來上。我們很快會談到。」

「但你抽雪茄又喝啤酒耶，傑西，」我好奇地問道。

傑西看了我一眼，說：「你這臭小子腦筋動得還挺快的。」但我沒讓這兩個習慣阻撓我。

「它們不是貧窮習慣嗎？」

「對，它們是貧窮習慣，」傑西不太情願地承認道。

「我死也不願意放棄。有些貧窮習慣純粹就不值得放棄。」

傑西頓了一下，轉過頭，掃視著澎湃浪潮上方的地平線。

「記得第六個致富習慣嗎？」傑西問。

我還沒把致富習慣背起來。

「一切都要有節制，」傑西脫口而出。「我抽雪茄、喝啤酒都有節制。『一個晚上抽一根雪茄不會有事的。』『你的後半生中，每小時不喝超過兩杯啤酒。』這是我為這些貧窮習慣設下的規定。假如我一天抽超過一根雪茄，我知道我的身體承受不了，如果我參加某些活動或派對，一小時喝超過兩杯啤酒的話，我知道我會酒醉傷身，或者可能口不擇言，說出令我後悔的話。任何事情一旦過度都會對你不利，就算是運動這種好事也一樣。這就是為什麼節制這個致富習慣這麼重要。它讓你的致富習慣和貧窮習慣都在可控範圍內。」

木棧道課程結束了，我們走下階梯，回家準備接下來的運動課。

第十六章　每日力行自我進步

「富有的成功人士是追求自我進步的狂熱分子。他們深知知識創造契機，契機又帶來機運運氣。因此，成功人士會持續不斷地追求知識，好幫助自己在機運來臨時辨認出它們。」

「以下有四種成功人士使用的自我進步策略，這些策略讓他們在所有的人際關係中變得不可或缺且極為珍貴。

策略＃1閱讀

成功的有錢人士為了追求自我進步，每天會閱讀至少三十分鐘。他們一個月會讀至少兩本非小說類型的書。在上班通勤、慢跑，或進行諸如除草、洗衣服、舉重、打掃、洗車和修籬笆等雜事時，他們會聽有聲書。他們也會看報章雜誌、時事通訊等。他們所閱讀的書籍、雜誌文章、時事或新聞都是富有教育意義、且與自我提升和職場有關，又或者是成功人士的傳記。他們閱讀的內容聚焦在非小說類上，因為小說不能幫助他們獲得成功和賺錢所需的知識。透過知識量的積累，他們才能發掘更多機運，而機運將轉換成金錢和成就。這會使他們對他們的老闆、顧客或客戶而言變得更有價值，讓他們在通往成功的階梯上更進一層。

他們每天都不間斷地閱讀，就像刷牙一樣。

策略＃2寫作

成功人士有幾種經營寫作的方式：公司業務通訊、產業時事通訊、報紙文章、產業出版品或書籍等。寫作能讓你在所屬產業中受到注意。寫作是一種溝通。比起閱讀，寫作需要你對你的主題有更清楚的掌握力，如此才能透過寫作向人解釋。寫作時，你會被視為專家，這一點能讓你對你的老闆、顧客或客戶來說更有價值。

策略#3演講

如同寫作，演講是一種溝通。演講比閱讀或寫作需要你對某個主題有更深的了解。在演說場合，你可能會接受提問，這就形成了雙向的溝通過程。若你是某個演講主題的「專家」，你必須對你的主題瞭若指掌。演說需要更細緻的研究，而閱讀或寫作並不能提供這樣的機會。它迫使你更深入地挖掘、擴大你的知識庫，提升你在觀眾眼中的專業知識形象。這些觀眾可能是你的學生、同事、長官、顧客或客戶。

學習當一位好講者的最好時機就是現在。現在就開始。參加學校裡需要演說的社團、加入國際演講協會、去上公開演說的課程、競選學生會代表、參與志工組織，或在社交場合上要求發言。熟能生巧。關於演講，有件事從來不會有人告訴你，那就是只要有一次成功的演說經驗，就能使你成為非常棒的講者。非常神奇！就好像有人把你腦中的電燈開關打開了似的。你演說的次數越多，就會說得越好，也就離那決定性的一次成功經驗更靠近。要當一位好講者要做到以下四件事：

一、用你自己的聲音說話──做你自己

二、對你的主題瞭若指掌

三、充滿熱情地溝通

四、看著你的觀眾。當你看著臺下時，視線要在觀眾之間來回移動，就像看球場上的網球來回跳動般，時不時看進某位觀眾的眼睛深處，他們會因此對你留下極深刻的印象。

世上最成功富有的人都是很傑出的演說家，當你學會了演說的技巧，你的自信心也會大幅提升。

策略＃4重複

沒有其他方式比「重複」更能使你在特定領域的知識臻於完善。在某個領域中重複努力會比閱讀、寫作、演說更令你接近完善。每次你在某個領域重複某項任務時，都會比前一次來得效率更高、更專業。透過不斷重複，遲早有一天你會成為特定任務或主題的專家。那會成為你的肌肉記憶，然後儲存在我們之前說過的大腦的基底核中。

運用這四個自我進步策略的人將體驗到最大的成功，但透過每天致力於其中一項，也能達到不錯的成就。千萬別誤會，每天都做到自我進步可不容易，但附加好處是能發掘原本隱匿著的好機會。這些機會一直都在，且就在人們眼前，只等著被發現、被利用。」

每次上課傑西都會舉例子。

「我喜歡用下面這個例子來充分說明這些策略怎麼運作。想像一下這個場景：你發現自己被很多樹木包圍著。這些樹木就是機會的隱喻。」

「你知道隱喻是什麼意思嗎？」

我不知道，所以搖搖頭。

「隱喻就類似象徵，代表某樣事物。獎盃代表勝利，所以我想你可以說獎盃是贏家的隱喻。現在請你想像，在這些樹的旁邊有座山丘。這座山丘就是每日自我進步的隱喻。當你越爬越高，在自我進步的實踐上投注越來越多心力，你會發現你置身森林中，舉目所見不再是一棵棵的樹，而是一整片森林：一片機會的森林。爬上那座山丘、每日精進不懈，能讓你看見生命中更多的機會。那些看見生命中有更多機會並加以利用的人能賺到更多的錢，變得更成功。」

傑西的神情不同於以往，我從沒見過他這麼興高采烈。複習完當天的課程後，我問他為什麼這麼激動，他說那是因為早在他知道任何致富習慣前，就已經誤打誤撞地在執行每日閱讀的自我進步策略了。他說，那是他這輩子唯一偶然發現的致富習慣。他說，光是這一個致富習慣就讓他得以通過二十二小時的執業會計師證照考試、取得碩士學位，以及考取所有其他的專業證照；最重要的是，這個習慣讓他成功脫貧。傑西說他年輕時一直覺得自己又蠢又笨，缺乏獲得成功所需要的及於常人的聰慧。他以為自己會貧困一輩子，然而單單這一個致富習慣就讓他脫離窮困，也脫離了貧窮的思維模式。傑西說多年後，當他終於完成了致富習慣的研究，他才明白那個自我進步的致富習慣對於獲得成功的人生有多麼重要。這是他在研究中訪談過的所有有錢成功人士的共同點。他們每天都努力追求自我進步。

第十七章 致富禮儀

暑假已經過了一半。時光飛逝，我從傑西那兒學到了好多。我的網球技巧又進了一級。在球場上，傑西已經不再能輕易取勝。事實上，我曾在一盤中拿下四局。我也學會不用看就能雙手運球。我也知道怎麼投出好球、如何守備，以及不假思索就能打到球。在那年暑假，許多我的朋友還難以駕馭的基本技巧對我來說，已經再普通不過，習慣成自然了。

當我們走下陽臺要往木棧道走去時，傑西說他不確定我們有沒有辦法上完接下來的那堂課，因為課程很長。

「我要用很快的速度進行，所以我需要你全神貫注、仔細聆聽。今天的內容非常有價值，」傑西調整了一下眼鏡，開始上課。

「和別人在一起時，你必須知道如何待人處事。成功的有錢人士早已精通一套在社交場合能為他們加分的禮儀規範。」

如何與人交流

「這一生你會遇見很多人。我發現所有人都有一個共同特徵，那就是他們全心全意地關注自身。大多數人在每段對話中只想著一件事——自己。所有人都認為自己是世上最重要的人。自私是人情之常，這一點隨處可見，包括我們與他人交談的時候。掌握這個概念非常重要。我之前給你的書——戴爾・卡內基寫的《卡內基溝通與人際關係：如何贏取友誼與影響他人》裡有談到。今天的課程結束後，你需要再去複習一下。當你的生命中遇見新的人，你需要有個計畫，一個能幫你把每段關係點石成金的過程。這個過程的一部分是藉由詢問對方的生命故事盡可能去了解你所有的人際關係。認識他們。要不斷抗拒自私的天性並把焦點放在對方身上。生命中出現新朋友時，透過問新朋友以下的問題，養成在對話中保持謙遜的致富習慣。」

接著，傑西脫口講出一連串不同類型的問題，可以用來詢問你想建立關係的人們。

「• 基本資訊：名字、住址、電話等。
• 他們已婚嗎？
• 如果已婚，他們的配偶叫什麼名字？
• 有小孩嗎？
• 如果有，小孩叫什麼名字？
• 他們的生日是什麼時候？
• 他們住在哪裡？喜歡住的地方嗎？
• 有什麼嗜好？
• 以前讀哪間學校？上過大學或研究所嗎？
• 他們的配偶和小孩又是什麼學校畢業的？
• 他們最自豪的事是什麼？
• 認識任何名人或重要人物嗎？是誰？
• 他們從事什麼工作？

- 他們的配偶從事什麼工作？
- 喜歡閱讀嗎？如果是，喜歡讀什麼？最喜歡的作者是誰？
- 喜歡音樂嗎？最喜歡的樂團、歌手等？
- 若他們的配偶或小孩在工作，是從事什麼行業呢？在哪裡上班？
- 所屬的政治組織為何？
- 所屬的宗教團體為何？
- 在此居住前住在哪裡？
- 喜歡體育活動嗎？如果喜歡，是哪一種？在何時進行？目前還有在從事任何體育項目嗎？
- 喜歡喝酒嗎？如果喜歡，是哪種酒呢？
- 最喜歡的食物？
- 他們開什麼種類的車？
- 他們的目標是什麼？

- 他們加入了什麼樣的團體、非營利或社區組織？
- 喜歡去哪裡度假？
- 他們會去旅遊嗎？如果有的話，去過哪些地方？
- 他們的父母從事什麼工作？
- 他們在哪裡長大的？
- 最喜歡的名人是誰？
- 他們有哪些證照或專業認證？
- 他們最擅長的事情是什麼？
- 平時有運動的習慣嗎？如果有，都做什麼運動？

最後一點：要看著他們的眼睛說話，並且保持微笑。

如何進食

無論你是否相信，大多數人都不知道怎麼吃東西。你這輩子將會需要參加許多社交活動，你必須知道怎樣有禮貌地進食。我們把以下這份清單看一遍：

- 在座位上坐好後，把桌上的餐巾打開鋪在大腿上。
- 大家的餐點還沒到齊前，絕不能自己先開動。
- 咀嚼食物時，嘴巴要閉上。
- 不能邊吃邊說話。
- 絕不能拿自己正在吃的東西去沾大家公用的沾醬。
- 不可狼吞虎嚥。保持和同桌的人一樣的速度進食。
- 絕不能用握拳的方式拿湯匙刀叉。拿餐具有一定的方式。晚一些我示範給你看。
- 手持餐具時不能隨意揮舞。

- 絕不要自己伸手去拿鹽和胡椒，一定要請別人幫忙遞過來。
- 坐在餐桌前，不可以沒精打采地耷拉著身體，要挺直腰背坐好。
- 吃完飯，讓自己禮貌地離席去廁所，確認自己牙縫裡沒有卡著菜渣。這就是為什麼我的皮夾裡總是放著一根牙籤的緣故。

如何穿著

你必須學習如何穿著得體。去工作和面試有一套特定的穿衣規範。但除此之外，你還會去參加各種社交活動，如婚禮、正式的晚宴、非正式的晚餐聚會、訂婚派對、為亡者守靈的聚會、葬禮、生日派對、野餐等等。你需要知道怎麼穿衣服。以下是基本要點：

- 工作和面試——有些職業有特殊的工作服，例如建築、道路施工、電工等。假如你是辦公室員工，就穿得和你的老闆，或老闆的老闆一樣。有的辦公室走商務休閒的風格，其他的則是男性穿西裝打領帶，女性穿長褲或半身裙搭配開襟上衣。平底鞋或跟鞋都可以。

- 婚禮、守靈和葬禮——大多數的情況是男性穿西裝打領帶，女性穿和上班一樣的服裝。但許多女性會穿得更正式一些。每次都要事先詢問著裝守則。有些文化對婚禮有特定的服裝規定，你要記得注意這一點。
- 正式服裝——通常正式服裝又稱為「黑領結隨意」（black-tie optional），這表示你可以選擇穿著正式西裝搭配領帶，或是穿燕尾服搭配領結。兩種打扮都必須搭配黑皮鞋。「白領結」（white-tie）對男性而言，是指穿黑色燕尾服、白色燕子領襯衫、白色領結和黑皮鞋。女性要穿正式的長禮服或小禮服，或是正式的長裙和上衣，通常會穿跟鞋。「白領結」的場合非常稀少。

自我介紹

你的一生中會有很多機會遇見新的人。你越成功，要遇見新的人的機會就越多。這些會面代表建立起寶貴關係的絕佳機會，以後它們將對你有益。有的人可能會成為你的下一任雇主、未來的另一半、最好的朋友、同事、良師益友、投資人或生意夥伴。自我介紹時有五項基本原則：

一、微笑。

二、堅定有力的握手。

三、眼神接觸。

四、告訴他們你是誰，你為什麼在這裡，以及你在這個場合認識的人。

五、對你自我介紹的對象問問題。這部分我們剛剛講過了，所以就繼續往下講。

禮貌

我知道關於這一點你爸媽大概早就對你叮嚀過千百遍了，但我還是要再說一下。在公眾場合你必須要有基本的禮貌，我希望你能養成習慣：

一、尊重每一位你遇見的人。

二、不因穿著而評斷他人。

三、常說「請」和「謝謝」。

四、別人在說話時，即使你不同意他，也絕不批評、抱怨或譴責，絕不訕笑、翻白眼或皺眉頭。

五、不說大話。

六、找理由說讚美的話。

七、絕不發脾氣。

八、絕不喝醉。

九、保持正面積極，絕不消沉。

十、把你的伴侶、朋友、同事等介紹給你在社交活動中認識的人。

我要給你一本關於禮儀的小冊子。吃完早餐後把它讀完，然後把我沒講到的部分寫進筆記裡。」

回到屋裡後，傑西做了早餐，他邊說我邊寫。吃完早餐後，我回到樓上臥室，開始做傑西吩咐的作業。我快速翻閱了戴爾・卡內基的書，讀完傑西給我的禮儀小冊子，然後把他沒講到的細節加進筆記裡，這一切又花了幾小時。完成後我躺上床，很快就沉沉睡去。當我被樓下廚房傳來的鍋碗瓢盆鏗鏘聲吵醒時，剛過中午。我下樓查看傑西在做什麼。

「我在為我倆做美味的晚餐，」我走進廚房時，傑西頭也不回地說。

傑西身上的圍裙上寫著：「我是暗黑料理王」。爸說傑西之所以這麼特別，是因為即使他這麼有錢又有名，卻還是保持著謙遜和腳踏實地的態度。他喜歡逗別人發笑，或者讓他們對自己感覺好一些。這就是為什麼他受數百萬讀者的青睞。我爸說傑西以前很常去中國演講、帶領短期訓練，但他回國後的幾星期內，來自中國的禮物就會開始紛至沓來。陶瓷茶壺、如東縣某處來的乾麵，還有毛主席像章。有個在中國漫畫產業工作的學員送了一本客製化的漫畫給傑西，裡面每一頁都是傑西的圖片配上一段他的經典名言、妙語警句或上課內容。

傑西遞給我一張紙片，上面畫著十人座的餐桌示意圖。

「喏，按照這張圖把今晚的餐桌擺好，你需要的東西都在那個碗櫥裡。」傑西指著飯廳裡靠牆立著的大碗櫥。

於是我照著圖示把餐具擺好，然後拖著腳走回廚房。

「都弄好了？」傑西問。

「沒錯，」我自豪地說。

「我們來看看你搞了什麼名堂，」傑西露出狡黠的笑容說道。

他看了一眼桌子後隨即爆笑出來。他笑得太厲害，我還以為他要心臟病發之類的。

「我剛剛確認了一下，今晚只有我們兩個人。」傑西邊笑邊咳著說。

我擺了十人用的餐具，就像那張圖畫的一樣。

「那張圖畫了十個座位啊！」我不服地對傑西說。

傑西望著圖，頭上下點個不停，接著用手拍了一下自己的腦袋。「你說得對，是我的錯，顯然你已經可以出師了！」傑西大笑不止，「你今天教會我要有效溝通。或許我們兩人都學到了一課。」

我們重新把餐桌擺好後，就出發前往下午的運動課。運動課結束後，我幫忙傑西弄晚餐，然後把所有食物都端上桌。

「我們現在要來玩一下角色扮演的遊戲。假裝我們在一場婚宴上，你不認識我，我也不認識你。我坐在你的正對面，一個完全的陌生人。來認識我吧！展現一下你學到的禮儀。」

晚餐過程中，我開始問傑西這名陌生人所有關於他的生活、家庭和工作等各種問題。每當我做錯某件事，例如拿錯叉子、邊咀嚼邊講話，或沒有直視他的眼睛時，傑西就會暫停角色扮演，等我做對為止。那天的晚餐持續了好幾個鐘頭。

第十八章　五比一原則

我們走下陽臺前往木棧道時，傑西說今天的課程是這暑假最短的一堂。不過他強調，短不代表不重要。

「大多數人從不傾聽。他們太忙於在別人說話時想著自己想要說的話。上天賦予我們兩隻耳朵和一張嘴巴是有原因的。唯有當我們真正去聆聽他人說話時，我們才能建立起堅實、珍貴的人際關係。每個人無時無刻都在想著自己。成功人士了解這個人類的弱點，傾聽別人會讓他們感受到自己是重要而有價值的。當別人相信你認為他們是重要且有價值的時候，他們就會喜歡你。他們會想花時間和你在一起。每個人都想要被視為重要的、有價值的。他們會像水蛭一樣黏著好的聆聽者，或讓他們自我感覺好一些的人。好聆聽者的朋友會比較多，生意上的人脈也較廣，人際關係也更堅實。」

「5：1原則其實非常簡單，」傑西說，「你聽別人說五分鐘，然後回話一分鐘，就

這樣。多聽少說。當你認真聽別人說話時，你會更了解那個人。你會更理解他們，以及他們生活中的困擾、希望、需求和欲望。我給過你一本叫做《卡內基溝通與人際關係：如何贏取友誼與影響他人》的書。那本書非常重要，它告訴你人們行為背後的動機。生命的意義在於超越自私的本位主義，養成視他人同等重要的習慣。成功人士對待他人的方式是把他們視為世上最重要的人。當你把這一點養成習慣後，你就擄獲了他們的心。他們會成為你生命中最重要的盟友。他們會甘冒風險，協助你達成你生命中的目標。他們還會找別人來幫你獲得生命中想要的東西。他們會為了你翻山越嶺，而你所要做的就只是問問題和傾聽而已。

第十九章　剖析目標

在我們接近木棧道時，傑西遞給我一張紙條，並叫我唸出上面的內容。那是約翰・F・甘迺迪著名的「我們選擇登月」的演講：

「首先，我認為我國應該要在這個十年結束前，致力達成讓人登陸月球，並能安全返回地球的宏大目標。這段期間內，不會有任何一項太空計畫比該目標更令人震懾，或對長距離太空探索而言更重要，亦不會有其他任務比該壯舉更難完成、花費更高。我們提議要加快打造合適飛行器的腳步，並在確認何種效果更佳之前，輪流發展比以往更大的液體燃料和固體燃料推進器。我們提議投入更多資金來發展其他推動力及無人的太空探索。這些探索有個格外重要的目的，也是我國絕不容小覷的目的，即踏上此大膽航程的第一人必須活著回來。不過從真正意義上來說——若要說得更明確些——要上月球的不是只有一個人，而是我們全體同胞；我們必須努力不懈，把那個人送上去。」

「遠大的夢想。這就是遠大的夢想，」傑西強調道，雙臂往兩側打開。「由目標所支撐的夢想帶來明晰的思維，幫助我們專注在重要的事情上。目標幫助我們專心在完成夢想上，目標就像放大鏡，把陽光引導至一個點上。目標讓我們的活動能夠聚焦。如果能清楚知道想要的是什麼，就能幫我們排除浪費時間的活動。當我們明確知道自己要什麼，浪費時間的事就會變得很明顯；浪費時間的事是指那些不會讓我們更靠近或實現我們目標或夢想的事。在目標設定時，我們也可以運用之前說過的80：20法則。研究顯示，我們所有活動的百分之八十都是浪費時間的事，只有百分之二十把我們往目標和夢想推進一些。唯有當我們設定好清晰、範圍明確的目標，我們才會看見哪些活動能帶我們靠近目標，哪些不能。久而久之，我們就可以排除那百分之八十浪費時間的活動。如果你正在做一件不能幫助你接近目標的事，那就是浪費時間的事。」

「無論你的目標是什麼，只要你願意去做達成目標必要的工作，你就能做到。有太多人從沒完成過自己的目標。許多沒能達成目標的人會連目標設定都一起放棄。他們放棄是因為受到挫折，或者對目標設定失去信心。為什麼有這麼多人沒能達成自己的目標？問題的核心是，許多設定了自認為是目標的人根本不是在訂目標——他們其實在許願。願望不是目標。有兩點能用來區分願望和目標：

一、行動——一些實際行為，以及

二、百分之百的達成率。

願望之所以是願望，是因為缺乏實際行為，也沒有確定性。只有當實際行為是完成目標的必要條件，且你也毫無疑問能完成必要的行動時，目標才會成為目標。讓我舉一個例子說明。

一個典型的目標設定者可能會做出以下的設定：一年內要賺到一定金額的收入。他甚至可能會把收入的金額列為「目標」。隨著時間過去，他可能很快就會發現實際情形距離目標還很遙遠。這種狀況通常發生在年中。到那時候，大多數人會感到挫折而放棄。未能達成目標會讓匱乏之感、失敗感、職業道德感低落和喪失生活重心等情緒開始滲入他們的內心。那樣太可惜了，畢竟沒達成目標和職業道德、生活重心和個人能力沒什麼關聯；他們只是錯把願望當成了目標。」傑西接著進入傳教模式，大聲總結道：

「只有當實際行動成為必要條件，目標才是目標。先界定好你的行為，才能界定你的目標。」

現在我們來剖析什麼是目標。解剖目標就像解剖一顆朝鮮薊那樣。朝鮮薊代表願望，它的葉瓣是變數，核心就是必要的行動，也就是你的目標。為了要吃到朝鮮薊的心，你需要先把葉瓣剝下來。辨識出你願望中的目標也是一樣，你得先把願望的葉瓣剝開來，找到願望的核心，也就是必要的行動。一旦你指認出了必要的行動，目標就出現了。剩下唯一的問題是你是否有能力做出必要的行動。

傑西接下來總結了尋找目標的過程：

「有四個步驟能幫你找出每個願望中的目標：

- 步驟＃1：許一個願。
- 步驟＃2：界定每一個變數。
- 步驟＃3：指認出你必須進行的特定日常活動或行動。
- 步驟＃4：這個目標是否百分之百可達成？」

傑西接下來又舉了一個很有名的例子。

「很多很多年前，在我開設第一門致富習慣訓練研討課時，有個學員來找我，他是一名非常成功的保險代理人。他向我坦承，他的目標是每年替公司的壽險佣金多賺進十萬美元，但不僅已連續三年以失敗告終，而且還距離目標很遠。他會來參加我的訓練課程是因為他原本已經打算放棄了，卻正好在當地報紙上看到我的目標訓練廣告，所以決定來上課。課程一結束，他馬上認知到十萬美元不是目標，而是願望。那個禮拜我們又約了碰面，並用上述的四步驟一起設法把朝鮮薊的葉瓣剝下來，找到他願望中的目標：

- **步驟#1：許一個願**

這個願望是壽險佣金能增加十萬美元。

- **步驟#2：界定每一個變數**

所需的壽險保單：每張保單平均佣金＝兩千美元。需要數量＝五十張。成交一張保單需要和客戶面談的次數＝約十．五次，這表示你要取得五二五次會面。取得一次成功會面需要打的電話＝10通，這表示你需要打五二五〇通電話。

- **步驟＃3：界定你每天必須進行的行動或活動，以滿足每一個變數**

行動＝每天打10通電話

- **步驟＃4：你能做到這件事嗎？**

你是否能每一天都打十通電話？

我問那位保險代理人是否每天都能再多打十通電話。你做得到嗎？他笑了出來，說當然可以。他得要做準備，要買人名資料庫，寫一個推銷底稿，然後雇用某人來幫忙打電話。我們做了點計算，資料庫要價不到一千美元，雇人來打電話大約要五千美元，因此投資金額＝六千美元，再加上和客戶會面以及讓合約成交要花的時間和精力。

接下來這名保險代理人就去達成他的目標了。事實上，他在六個月內就達成目標。一年後，他甚至超越了原本的目標，多賺進了十五萬美元的壽險佣金。

傑西望向我，臉上一副「我還沒說完」的表情，然後總結了那部分的課程。

「要把願望變成目標，你要先從願望開始。只有當你清楚界定了達成願望所需要的行動步驟時，願望才會變成目標。這些以行動為基礎的步驟成為你的目標。好了，我想我已經講得夠多了。」

傑西接下來繼續進入課程的另一部分。

「成功人士會用五步驟的目標設定過程來幫助自己百分之百達標：

- 長期願望——這些是你想要在五年期間內達成的大夢想。為了達成每一個願望，你要製作一份計畫表，界定好能讓你圓夢的目標。例如：我在五年內要買房。為了實現這個願望，你設定了一個每年存一萬二美元的計畫。接著你設定每個月要存一千美元的目標。如果每個月都要存一千美元，你就必須減少開支，並且確認自己一到了薪資週期，就會將兩百五十美元存入一個獨立的存款帳戶。

- 明年的願望——這些是你為明年設定的願望，它們讓你更快達成你的長期願望。例如，在兩年內累積兩萬四千美元。
- 今年的願望——和明年的願望類似，只是短一些。例如為了買房，今年要存一萬二美元。
- 每月的願望——為了買房存一千美元。
- 目標——這是你以行動為基礎的目標，也就是在每個薪資週期內要減少開支、固定存入兩百五十美元。你會需要改變你的行為，在生活中做出一些困難的選擇。能從哪裡減少開支？你每天午餐都用買的嗎？如果你能在家做好帶去上班，就能每天省下一點錢。你會蒐集折價券嗎？如果你沒這習慣，那麼開始這麼做是另一種省錢的方法。你會去餐館吃飯嗎？如果會，那就要少去一點，或選擇可自備啤酒的餐廳。減少購買新衣服的開支，或者選擇去「善意企業」（Goodwill）的店家買狀況良好的二手衣。我研究裡的那些有錢人士就是這麼做的。重點是，總有辦法能減少開銷，你只需要找出是哪些方法。」

我們接著又複習了一些成功人士用來幫自己達成目標的工具。傑西在吃早餐時幫我畫了下面這張目標圖表。

行動目標	每月的願望	今年的願望	明年的願望	長期願望
存250美元／週	存1000美元／月	存12000美元／今年	年底前累積到24000美元	買房子
10通電話／天	簽下4張壽險合約／月	壽險佣金達10萬美元	佣金累積到20萬美元	佣金累積到50萬美元

工具#2每日肯定句

「有錢的成功人士會創造與目標直接相關的每日肯定句。肯定句要能發揮功效需要符合以下的公式：

現在式＋行動目標

以保險代理人的例子來說：

『我打』＝現在式　『10通電話』＝行動目標

工具#3理想實踐板

在造完每日肯定句後，還要觀看所謂的「理想實踐板」。理想實踐板是一張圖，上面畫的是你正在追求的目標。以保險代理人的例子來說，理想實踐板就是你在打電話的圖片。理想實踐板只有在與你的目標緊密相關時才有作用。

第二十章 致富關係 vs 貧窮關係

「我們成功的程度，只會和我們花最多時間在一起的人一樣。富有的成功人士大多只和其他富有的成功人士交往，貧窮的人也大多只和其他貧窮的人交往。你必須評估你的每一段人際關係，判斷它們是致富關係或是貧窮關係。

致富關係有以下共同的特徵：

- 他們很快樂。
- 他們很成功。
- 他們和其他成功人士交往。
- 他們認識許多人；一千人或超過一千人是很典型的狀態。他們是透過拓展人際網絡或參加志願服務發展出這些人際關係。這部分我會在致富關係的課程中再

說明。

- 他們的致富習慣比貧窮習慣多。
- 他們很正面、積極向上、樂觀。
- 他們的生活很平靜。
- 他們和許多不同類型的人都能處得來。
- 他們不說別人閒話。
- 他們透過鼓舞、激勵別人追求自己的目標和夢想的方式啟迪他人。
- 他們總是充滿熱忱。
- 他們避免陷入受害者思維，並且會為了生命中的各種境遇負起責任。

貧窮關係有以下共同的特徵：

- 他們不快樂。
- 他們工作不順。他們不喜歡自己的工作、老闆或同事，這使得他們要保住職位又更加困難。

- 他們的貧窮習慣比致富習慣多。
- 他們很負面、消沉和悲觀。
- 他們的生活似乎一直處在混亂狀態，並且老是在處理緊急事務。
- 他們總是在和家人朋友或同事爭吵。
- 他們會說別人閒話。
- 他們是夢想殺手。
- 他們缺乏熱忱。
- 他們總是很沮喪或經常感到悲傷。
- 他們有一種「我真可憐」的受害者心態，而且不會為了自己不幸的遭遇負起責任；某人、某團體或某事物要對他們的遭遇負責。

我們都有致富關係及貧窮關係，但各擁有多少決定了你會多成功。再次想像那個翹翹板，你的關係翹翹板上有多少貧窮關係和致富關係？如果要讓翹翹板朝對的方向傾斜，你必須要有超過半數的致富關係。要讓翹翹板傾斜到對的方向，你需要跟著這幾個步驟做：

- 步驟＃1：把你所有的人際關係列出來——拿出一本便條簿、一枝鉛筆，將你所有的人際關係在第一欄裡表列出來。
- 步驟＃2：指認出『有影響力的關係』——在下一欄中，確認你在每一個關係上花了多少時間。一週共處一小時以上的就算是『有影響力的關係』。有影響力的關係對你和你的生活會產生正面或負面的影響。
- 步驟＃3：替你的關係打分數——第三欄中，在每個你認為是致富關係的名字旁畫個加號，如果是貧窮關係，則在名字旁畫個減號。
- 步驟＃4：讓翹翹板傾斜——在區分出所有的加號和減號後，就要限制自己花在貧窮關係上的時間，同時增加花在致富關係上的時間：前者一週不超過一小時，後者一週要超過一小時。

・步驟#5：尋求致富關係——做一份你知道或不知道的人物清單，他們不在你剛列出的表單裡，但是屬於致富關係的人脈。設法一週和他們相處一小時以上。把你想要培養的每段關係想成種樹。你生命中的目標就是培育出一棵棵關係之樹，每當你與這些人交流或互動，你就把關係之樹的根紮得越深。你會希望在你的人生終點時，每棵樹都長得像紅木般巍峨挺拔。

有四個策略能幫你建立穩固且珍貴的人際關係：

問候電話

問候電話的重點是在蒐集消息。你想知道每段關係中人們的近況，且越多越好。

我們已經在禮儀課裡講過你該問的問題了。

生日快樂電話

對我們每個人來說，生日都是重要的。當你祝福某人生日快樂，就是在表明他們對你很重要。生日快樂電話能讓你的每段關係維繫下去。至少一年一次，就能讓這段關係起死回生。打通電話是祝福他人生日快樂的好方法，因為那讓你有機會與他們交談，獲得更多資訊。生日快樂電話讓你的關係之樹的根又紮得更深了點。無論到何處，隨身攜帶一本小記事本，當你遇見任何你想認識的人時，別害怕問他們的生日。記住，要把日期記在本子裡，之後再轉移到某個提醒系統中，這麼做你就不會忘記任何人的生日了。我遵從這個致富習慣很多年了，我發現接到我生日電話的人中，有百分之五到十的人後來也會回饋，在我生日時打電話來祝賀。這個互惠的生日快樂電話會讓你的關係不再只是處於勉強維持的狀態，而能把關係之樹的根紮得更深。

生命重大事件電話

這些電話的對象是家人、朋友、客戶、顧客、病患、同事，或任何你珍視的聯絡人，以便對於他們生命中發生的某特定事件表達知情和關心；例如你認識的某人生了寶寶，或其家中有人畢業，或是此人受到提拔、找到新工作、遭逢親友過世或生病等。生命重大事件電話會讓你的人際關係急速升溫，讓你將關係之樹的根紮得又深又快，這是所有其他的關係建立策略所辦不到的。

拓展人際網絡

發展一套拓展人際網絡的步驟對成功而言是相當關鍵的。假如你拓展人脈的方式是正確的，你會贏得朋友、顧客、客戶和成功的合夥人，這些又將轉化為生命中更大的成功、更多的金錢。成功人士是拓展人際網絡的佼佼者。對有錢人而言，人際關係形同金礦，是有錢人的籌碼。這裡要告訴你創造拓展人際網絡的步驟：

- 加入拓展人際網絡的團體——國際商務網絡（Business Network International）最受歡迎，但你也能創建你自己的團體。

- 加入當地企業的諮詢委員會——聯繫你的客戶、顧客、生意夥伴及當地的企業社群，詢問他們是否有諮詢委員會。如果有，提議讓自己以諮詢委員的身分提供服務，如果沒有，協助他們成立一個委員會。
- 加入公民團體——獅子會、扶輪社、商務協會、樂觀者國際（Optimist International）等。有很多商業或非商業的公民團體在招募成員，這些團體通常互相轉介生意。
- 成為講者——演講場合可能是最有效的拓展人脈的工具。一次演講可能意味著十個、二十個或甚至一百個新的人際關係。許多人害怕公開演說，因此演講能讓你脫穎而出，你會被視為專家。
- 加入非營利組織的董事會或諮詢委員會——非營利組織是最有價值的資源之

一；透過它，你能得到各種類型的轉介。你能因此獲得一個展現才能、發展長久人際關係的機會。轉介或推薦來自四面八方：董事會成員、委員會成員、供應商、捐款人和組織中的受惠者。通常非營利組織的董事會成員都是成功的有錢人士，擁有很多穩固、強大的人脈。當你加入非營利組織時，你所遇見的這些人總有一天會打開他們的通訊錄，給予你進入他們珍貴人脈的管道。

• 寫作——寫作使你在競爭者中顯得與眾不同。當你撰寫大量文章時，你就在縮減與顧客、客戶、病患、同事或生意夥伴之間的信用落差。文章出版後，它們會讓你接觸到數百或數千人，這是另一個拓展人際關係的有效工具。寫作也會使你精進，幫助你提升技術能力，在原有的領域或產業中更稱職。當你的技術能力有所增長，面對那些曾被你忽視卻始終近在咫尺的機會，你的感知力將豁然洞開。

- 參與社交——週期性地與你的人脈聯絡，邀請他們共進早、午、晚餐，或問他們想不想抽空到酒吧裡一起喝兩杯。這些輕鬆的聚會實際上是增進彼此關係最有效的方式。」

第二十一章　傑西工作中

傑西替我安排的「加強版」運動營輪流上著網球、棒球和籃球三種課。輪到籃球課時，有時會需要花上四十五分鐘的通勤時間，抵達位於紐布朗斯克的羅格斯大學體育館。傑西讓男籃隊的助理教練用整整兩小時帶我做完所有的訓練。我們總是先投完兩百顆罰球，接著立刻以「環遊世界」的比賽作結。我必須要能從球場某一側毫無失誤地投球進籃，比賽才算告終。幾週後，所有沿罰球線投的球我都能全部命中了。

那天我們剛準備結束下午的籃球課。我們收拾好東西，和助理教練說再見，然後往體育館門口走去。在往停車場的路上，傑西把手搭在我的肩上。

「明天我們改變一下行程，」傑西不帶感情地說。「我們要去華盛頓特區參加一場演講。」

傑西打開旅行車的後車廂，讓我們把球袋丟進去。「通常暑假我不會接演講，但今年破例。」

爸說傑西是世界知名的講者。他演講過的地方遍及世界七大洲，甚至包括南極洲的阿蒙森－斯科特南極站。

「這場演講很短，只有幾小時，」他說。「我們就花一天在那裡參觀紀念碑和觀光。你需要穿燙好的襯衫、長褲和一雙好皮鞋。我們會開露營車去。」

傑西客製化的露營車裡一切應有盡有：廚房、可沖澡的衛浴、雙層折疊床、可拉開變床的前排大船長椅、折疊桌，還有一個二十吋大電視及用來看電影的錄放影機，就像在廣場飯店一樣。傑西說他為了看看自己是否能在車上生活，今年二月份時花了一整個禮拜待在露營車上。先前在某個休兵週期間，傑西曾開著這輛露營車載我和我朋友短暫出遊。現在我們要搭著這輛車出發長途旅行了，我真是等不及明天到來。

我們在清晨五點前就上路了。對我來說那不過是短短五小時的車程。傑西把副駕駛座的椅子放平，讓我睡了幾乎一整路。大約早上十點，我們抵達華盛頓特區，然後在一棟白色高大建築前的入口通道邊把車停下來。

我看著傑西問：「這裡是白宮嗎？」

傑西搖下車窗，遞給守衛一張字條。守衛對著傑西微笑。

「很高興又見到您，賈伯斯先生。家人都好嗎？」

「大家都很好，凱文。今年暑假還有人陪我過呢。」我機械式地對守衛揮揮手，眼睛盯著白宮，還是感到不可置信。

「他們在等您，賈伯斯先生。」

「拜託，凱文，我跟你說過多少次了，叫我傑西就好。」

在我們開過安全門時，守衛仍舊堆滿笑容，對我們揮手。我們把車開到白宮後面，傑西似乎很清楚知道要去哪裡。有人走了過來，傑西把露營車的鑰匙交給他，然後我們一起走回白宮前門。另一位守衛過來招呼，領我們進入一個寬敞的大房間裡。裡面滿滿是人，大多是和我年紀相仿的小孩，還有些成人四處散坐著。

傑西靠向我。「他們都來自特許學校『KEY 學院』，那是總統孫女上的學校。」

我們還沒踏進教室，就受到總統和總統夫人的歡迎。總統給傑西一個大大的擁抱，總統夫人則在他臉上熱情地親了一下。傑西把我介紹給他們，於是他們就都和我握了手。

「謝謝你願意來，傑西。」總統說。

「他們都好興奮能看到有名的傑西•賈伯斯。」總統夫人用誇張的語氣說著，一邊用兩隻手勾住傑西的右手臂，陪我們走向前面的講臺。我緊緊跟在後面。

接下來的三小時，除了中間穿插了幾次的休息時間外，傑西講了致富習慣、貧窮習慣、成功翹翹板、機運運氣、有害運氣，和其他一大堆他在這個暑假教給我的東西。演講結束後，我們和總統、總統夫人、他們的孫女、一些學生和幾位老師一起共進午餐。他們把傑西和我安排在總統及總統孫女的座位旁。總統坐在長桌盡頭的主位，他的孫女則坐在我的左邊。他的孫女問我，有像傑西這樣的爺爺是什麼感覺。我告訴她我們這暑假發生的事，包括上課、運動營，和休兵週的紐約行，還有我們開露營車來這裡的過程。

「你好幸運！真希望我也可以這樣。」

我問她各種關於她的生活、學校、嗜好和生日等問題，並向她要了聯絡方式，以便祝她生日快樂。她覺得我很貼心，因此也要了我的聯絡方式。直到現在我們每年都還會說上幾次話。

我們聊了一陣子，接著總統打斷了我們。

「那麼傑西這個暑假都教了你些什麼？」

我有點驚訝他居然知道我和傑西共度暑假的事。

我還來不及開口，他又問：「他要你讀什麼書？讓我猜猜看，」他繼續說，「《卡內基溝通與人際關係：如何贏取友誼與影響他人》、《思考致富》、《潛意識的力量》？哦，一定還有《致富習慣》。」

話一說完，他和傑西就開始大笑，我只是面帶微笑，一個勁兒地點頭。

總統繼續說：「你知道傑西創造了多少個百萬富翁嗎？」

我不知道，所以我說：「不，我不知道，有多少個？」

「好幾百萬個，」總統說，「全世界一共好幾百萬個富翁。」

午餐期間，總統問了我關於致富習慣和傑西教導的成功策略的內容，在那些問題之間，我也穿插地問了他一些有關他的工作、嗜好等問題，以及他是否從事任何體育活動。差不多都是傑西教我要問的問題。

午餐過後，總統夫人充當起私人嚮導，帶著我和傑西參觀白宮。我們最後一個景點是橢圓形辦公室。總統和幾位西裝筆挺、看起來地位頗高的人在那裡。傑西後來告訴我有一位是他的幕僚長、某位明尼蘇達州的議員和來自紐約的銀行家桑迪•威爾。總統介紹我們彼此認識後，桑迪•威爾這位銀行家問我知不知道任何與存錢有關的事。我告訴他80：20法則、儲蓄和投資的不同，還有一些傑西暑假教我的內容。

傑西後來告訴我他為我感到很驕傲，還說我給威爾先生留下了極好的印象。

「你不是在銀行上班嗎，爸？」布蘭登打斷我。

「是啊，這都要感謝傑西。我們從華盛頓特區回來後，他要我寄信給每一位我們遇見的人，謝謝他們與我們會面。威爾先生回信了，我們多年來都保持聯繫。傑西甚至安排了幾次我們和威爾先生及另一位叫傑米•戴蒙先生的聚會。大多數是在紐約的午餐聚會。我大學期間到傑米・戴蒙先生的公司實習，畢業後他就要我去他們的儲備幹部計畫部門上班。幾年後他和威爾先生發生爭執，就離開公司了。在他當上摩根大通的執行長後，我寫了封信向他道賀，這也是我從傑西那裡學到的致富習慣。幾天後他收到信，於是打電話給我並提供了我一個職位。現在我負責管理摩根大通在美國的金融服務部門。」

我們在「林肯臥室」住了一晚。我真不敢相信我們真的住在白宮！我們原本躺在床上各自讀著書，但我突然轉向傑西問道：「你怎麼認識總統的？」

傑西把書放到大腿上，做了一個大大的深呼吸。

「在他還沒當總統前，他是我最好的致富習慣訓練師之一。多年來他所教授的對象已經有幾千人了。我們變成最好的朋友。後來他在某次訓練營中遇見一位競選經理，他們倆一拍即合，不久後，雷就開始競選公職了。後來他當上加州州長，然後是總統。我在白宮裡待了很長時間。」

「媽說你的照片被掛在橢圓形辦公室，真的嗎？」

「是啊！」傑西只回答了這兩個字。

「是啊？就這樣？是啊？拜託，傑西，你的照片為什麼會被掛在橢圓形辦公室？」我懇求道。

「你知道說大話是貧窮習慣嗎？」傑西說。

「我不管啦，我要知道。」

傑西笑了。「好吧，嗯，就像我說的，雷是我最好的訓練師之一，也是我的訓練課程中的第一批演員學員。他真的是個拼命三郎、非常積極。我們變得很要好，後來他開始帶其他演員來上我的訓練課。最後他加入我們的人才培訓計畫，幫忙壯大了我們在西海岸的事業。在那段期間，他開始對政治充滿熱忱。他在競選州長時，我算是被拉進競選團隊裡幫忙了。我幫他寫了一些演講稿，在某些議題上給他建議。政治人物喜歡把這稱為『政策議題』。總之，我會透過強調某些我認為重要的政策議題，讓他知道哪些不重要，好給他一些方向。最後他選上了，我還是繼續給他建議。我們幾乎每天都會談話。他選總統時我也是這麼做。要是他沒選上我才會嚇一跳呢！他把我當成他人生中最重要的良師益友，想要所有人都知道，所以他把我的照片掛在橢圓形辦公室裡。

「哇，這個故事也太酷了吧，傑西。」

「是啊，是很酷，」傑西接著立刻話鋒一轉。

「你知道嗎，總統對你印象很深刻呢。」他說。

「真的嗎？」我滿驚訝的。

「對，他說你很有禮貌。你和他的孫女講話時，他都在觀察你。他說你問了她很多問題，而且都一直看著她的眼睛。看吧！」傑西繼續說，「你永遠不會知道誰在觀察你。遲早有一天，我教你的這些東西會變成你的第二天性，就像你的老習慣一樣，」傑西說：「我很以你為榮，你今天表現得很棒。你是我教過最棒的學生之一。」

傑西頓了一下，「我很開心和你一起度過這個暑假。」傑西微笑說道，然後轉頭回去讀他的書，我也對他微笑，轉頭回去讀自己的書。

那天晚上我幾乎沒有睡。我覺得自己是世界上最幸運的小孩。我在腦中不斷重播著白天的經歷，直到身心再也撐不住、昏睡過去為止。我想傑西一定也和我一樣，因為隔天我們都睡得很晚，到了快中午才出門。傑西帶我逛了市區，看了所有的景點——華盛頓紀念碑、林肯紀念堂、動物園，甚至還參加了國會大廈的私人導覽行程；國會大廈就是國會會議召開的所在地。那真是一棟富麗堂皇的建築，好雄偉。我以前只知道傑西是個名人，但在去華盛頓特區前，完全不知道他名聲的影響力可以如此之大。從那一刻起，我就決定以後要像傑西一樣。我想認識重要人士，渴望成功。從十二歲起，我就對這件事滿懷熱忱了。

我們在傑西的露營車住了最後一晚，很好玩。傑西做了爆米花，然後我們用錄影機接大電視看了一部傑西最愛的電影《聖杯傳奇》。我早上八點左右醒來時，我們早已在回家的途中。傑西起得很早，但讓我繼續睡。他把車開進家門口的車道上時我還頭昏腦脹的。那個週末傑西實在太強大了！我好崇拜他。

第二十二章　記住名字

「無論是富人或窮人都有一個共通點，那就是無法記住不常見的人的名字。忘記別人的名字會很尷尬，如果別人還記得你的名字，那就更糟了。花點力氣記住別人的名字說明他們對你很重要。既然每個人都覺得自己是世界上最重要的人——他們確實很重要——因此如果忘記他們的名字是很污辱人的。那說明你並不在乎他們。當我們覺得某人不在乎我們時，我們也不會在乎他們。所以如果你想要建立穩固且珍貴的人際關係，你就必須記住名字。

成功的有錢人士會花些力氣彌補這個人性弱點；他們會利用一些小技巧幫自己記住名字。有個小技巧我覺得很有效，那就是分類策略。你可以運用這個技巧，把每一段人際關係歸類，然後放進某特定群組中。舉例來說，如果你在打網球，可能會遇見許多來自不同球隊或俱樂部的成員。你可能不常見到他們，因此會忘記他們的名字。那麼，你

就要把這些不常見的網球聯絡人歸類到你的網球群組中。身上隨時帶著一本小筆記本，裡面記著所有分類好的聯絡人。在和那些網球球友見面前，快速翻閱筆記本，複習所有在那群組裡的人名。下面就是建立你自己聯絡人群組的步驟：

步驟#1：在對方自我介紹後立即寫下新聯絡人的名字。我隨身帶著便條簿和筆就是為了這個目的。你爸在讀中學時，我會去參加他的排球比賽。我總是會遇到和你爸同隊的其他孩子家長。我會自我介紹，他們也會告訴我他們的名字。趁他們沒注意時，我會把便條簿拿出來，把他們的名字寫在「排球」這個類別下，並稍微紀錄一下他們的外觀好讓我能記住他們。下次再見到他們時，我會直接走過去打招呼：「嗨，約翰。嗨，蘇」。多數時候他們記不得我的名字，我看得出來他們有些不好意思。有趣的是，在後來的賽季期間，那些不好意思的家長會確保自己記住我的名字。我恐怕是他們少數記得名字的家長之一。

步驟#2：把他們的臉和你認識的人或長相特殊的人的臉連結在一起，然後寫在記事本裡。例如：『長得像網球皇帝約翰・馬克安諾』。

步驟＃3：替你所有的聯絡人建立群組，並一一將他們分類。一切以簡單為要，群組不要太多。

步驟＃4：和某群組的聯絡人見面前，先複習筆記本裡的分類筆記。

這個分類策略很有用，人們常被我的好記性嚇一跳，我也為此常受到讚美。我通常會說，我記得我喜歡的人的名字，以此來回應他們的讚美。他們聽到了都會心花怒放，虛榮心也被滿足了。更重要的是，他們永遠不會忘記我的名字。」

第二十三章　一小時原則

又是一個下雨天，我和傑西不得不移到傑西的健身房運動。就在我一邊踩著跑步機時，傑西一把跳上他的階梯踏步機，開始上課。

「這堂課也是很短，但很重要，」傑西一邊說，一邊調整踏步機上的設定，「叫做一小時原則」。

傑西一開始運動，課程也就開始了。

「富有的成功人士不會養成看電視的習慣。假如他們要看電視，他們一天不會看超過一小時，或者他們會選擇教育性、歷史性或資訊類的節目來看。成功人士深知看娛樂性節目是在浪費時間。他們會把時間花在如參加非營利組織、上學、教學、寫作、演講或閱讀等促進自我提升的活動上。基本上也就是我們所講過的那些致富習慣。看娛樂節目是一種貧窮習慣，會阻礙你的人生並導致貧窮。你要像躲避瘟疫那樣避免這個習慣。

你必須養成在白天時限制自己做浪費時間事情的習慣。一小時原則能幫你做到這一點。父母需要把這個原則教給小孩。他們需要透過言教、身教教導孩子，每天花超過一小時看電視或做類似浪費時間的事是不被允許的，那些事情會占用掉例如閱讀或研究等具有生產力的活動。小孩總是有樣學樣，如果他們看見父母坐在電視機前，他們也會照做。父母自己要做好榜樣。他們不僅要監督孩子，確保他們沒有每天花超過一小時看電視，或是進行類似的浪費時間的活動，他們對自己也要做到這兩點。這要成為家中人人都遵守的原則。

學會一小時原則的小孩在校成績會比較好，當他們長大出社會後，這個習慣就會轉化為薪資更高的工作，或在崗位上加薪更多，拿到更多的獎金。因此他們這一生能累積更多財富。沒有教孩子一小時原則的父母錯過了一個重要的、能引導孩子成功的機會。只要能遵從這項原則，孩子將會有更多時間去閱讀、運動，以及加入一些能幫助他們拓展更多人際關係的團體。父母必須要求孩子為了自我學習或自我提升，每天至少讀三十分鐘的書；事實是，大多數的孩子不會自己養成這種每日閱讀以促進自我提升的習慣，只有在父母督促下才能做到。父母也要教導他們的小孩每天進行二十至三十分鐘的有氧運動，包括跑步、慢跑、騎腳踏車等。富有人士也是健康人士。在這一生中保持身體健康就意味著花在生病上的日子更少，精力更充沛，生產力更旺盛，以及……」

傑西故意不把最後幾個字說完，我想他是在等我填空，於是我回答：

「幸福成功的人生？」

傑西聽到我這句話實在太興奮了，差點從踏步機上跌下來。我笑了出來，他就像個正在拆聖誕禮物的小孩那樣開心。

「沒錯，幸福成功的人生，」傑西拍手大叫，「你現在懂了。我們明天再多講一點關於健康的事。」

我轉頭對著坐在車上的布蘭登說：「我們現在有網路、手機和各種電子產品。這些東西已經取代了電視，但同樣的一小時原則也適用於這些東西，」我告訴布蘭登，「把時間浪費在你的手機和網路上，就和浪費在電視上一樣糟。」

第二十四章　有錢人士也是健康人士

「有錢的成功人士飲食均衡並且每天運動。他們不僅關注攝取的食物內容，也注意攝取量。他們控管自己的飲食狀況，並把不暴飲暴食或飲酒過量奉為圭臬。如果沒有達到這個標準，那也是在自我管控範圍內的短暫放縱，為了如一頓佳節大餐或派對等不常發生的情境而隨順為之。均衡飲食對減重有幫助。百分之七十的減重方法來自少吃。均衡飲食降低膽固醇，也減少罹患心臟病的風險。好的膽固醇叫做高密度膽固醇（HDL），壞的膽固醇叫做低密度膽固醇（LDL）。你的總膽固醇和高密度膽固醇比值應該在三左右。總膽固醇以低於一八〇為原則。

含好膽固醇的食物包括適量的酒精、朝鮮薊、酪梨、烤馬鈴薯、豆類、莓果、麩皮馬芬、雞肉、黑巧克力、蛋、高纖維食物、水果、蔬菜、蒜、綠茶、菸鹼酸、堅果（尤其是核桃）、燕麥、橄欖油、omega-3脂肪酸營養品、洋蔥、橙汁、爆米花、葡萄乾、鮭魚、大比目魚、鯖魚、鱒魚、鮪魚、大豆製品、番茄、火雞肉和全穀物義大利麵等。這些食物的好膽固醇含量很高。

含有壞膽固醇的食物有一大堆，聽好了，這個清單很長：培根、臘腸、奶油、蛋糕、起司、蛤蜊、椰子、甜餅乾、鹹餅乾、甜甜圈、蛋黃、薯條、各種油炸物、火腿、漢堡、熱狗、冰淇淋、羊排、薯泥、美乃滋、牛奶、戲院賣的爆米花、洋蔥圈、牡蠣、糕餅、派、披薩、豬肉、燉肉、洋芋片、紅肉、香腸、扇貝、龍蝦、螃蟹、蝦、酸奶、牛排、糖、白麵包和優格。這些東西的壞膽固醇含量很高。

對成功人士而言。運動就像刷牙一樣是例行公事。他們深知每日運動能改善他們的身心。每天進行有氧運動能增強免疫系統，降低生病的頻率。做有氧運動的人生病時間會較其他人少，因此這麼做也會提高生產力。固定運動的人在白天時精力也較旺盛。

成功人士對於體重管理有一套最適合自己的系統或常規。有些人的系統較複雜，有些沒那麼複雜，但多數人都會『管理』自己的體重。

非成功人士對自己的健康缺乏標準一致的日常管理系統。他們總是在尋求最新最好、能快速解決體重問題的飲食主張。非成功人士不會持之以恆地處理健康問題，且通常要仰賴外力介入，才有動力少吃一些或改變飲食內容。這就是為什麼坊間有這麼多飲食指南。由於對飲食習慣缺乏管控，他們不斷重複著胖了又瘦、瘦了又胖的歷程。這種行為最終將對身體造成損傷，最後演變成如高血壓、糖尿病和心臟病等的疾病。

非成功人士對運動的態度也和飲食一樣，時不時就需要外在力量督促自己。當動力消失後，他們又故態復萌；停止運動、體重增加是他們生命中惡性循環的一部分。

在體重管理計畫開始前，你需要先對自己每天吃的食物有所了解。在體重管理計畫的頭三十天內，你要追蹤自己平常會吃的東西，並知道每樣食物個別的熱量。在這三十天中，你要能夠辨別出含高熱量的食物，這樣你就能知道要避開哪些食物。

千萬不要把管理飲食和節食搞混，這是兩回事。從長期的體重管理來看，節食是不管用的，因為節食有太多限制了，坦白說，那剝奪了生活的樂趣。管理飲食不代表要挨餓或是再也不吃垃圾食物。相信我，你還是會繼續吃垃圾食物。訣竅是每天不吃超過三百卡路里的垃圾食物。你只要認知到不能每天都吃高熱量食物，因為那樣會超過你的每日熱量閾值；你需要維持在閾值內才能減重或維持體重。當你非常渴望吃某樣東西時，不必拘束，但你要了解吃某些你喜愛的食物可能表示會超過每日的熱量閾值。總之，只要這種狀況是例外而非常態即可。

監督食物的攝取量只是管理體重的一部分。你必須遵守每日做有氧運動的規定，一週四天，每天至少二十到三十分鐘。到戶外慢跑成效最好。慢跑所燃燒掉的熱量比在室內踩跑步機、階梯踏步機或健身腳踏車要多出三分之一。舉重、仰臥起坐、伏地挺身等都是基本有氧活動很好的補充運動，但不能取代有氧運動。那些運動儘管能幫助你雕塑體態，但不能替你減重。有氧運動是替你瘦身最可靠的運動型態，應作為你運動計畫的基礎。

對大多數人說，早晨是最適合進行每日運動的時間。但這都要依你的工作狀況而定。對某些值夜班的人來說，他們的『早晨』可能是下午五點。假如你在工作開始前先運動完，就比較不會受到白天其他時程安排的影響。

我的追蹤紀錄表是你監督體重的好工具。每天只要花五分鐘就能完成這個追蹤記錄。你會開始在你的體重管理計畫中看見固有的模式，這使你更了解你的身體，也讓你能控制自己的體重。在兩個月內完成我這份追蹤紀錄表，你就能界定自己的每日熱量閾值，這樣一來，你就能管理所攝取的熱量，以便減重或維持體重。舉例來說，根據你目前運動的程度，假設你的每日熱量閾值是兩千一百大卡，若你每天都攝取低於這數值的熱量，體重就會減輕，反之則會增加。等我們回到家後，我再給你一張追蹤紀錄表。」

到家後，傑西和我去他的辦公室拿了一張你現在在筆記本裡看到的追蹤紀錄表。

追蹤紀錄表

開始時的體重	
目標體重	
最後的體重	
每日的目標熱量	

日期		體重	有氧運動	球類運動	早餐熱量	午餐熱量	晚餐熱量	總熱量	累積熱量	平均熱量

日期	有氧運動天數	分鐘	英哩	平均熱量	減掉／增加的磅數	開始時的體重	最後的體重
一月							
二月							
三月							
四月							
五月							
六月							
七月							
八月							
九月							
十月							
十一月							
十二月							

第二十五章 拖延

「人生中能創造成功，是靠著每天不間斷做的小事。」而造成拖延的主要原因，則是使你對該做的事裹足不前的恐懼。恐懼也是一種負面情緒，此負面情緒吸引貧窮，使你無法在財務上獲得成功。養成克服拖延的習慣是一個致富習慣，它將終止這代價高昂的負面情緒，並將財富吸引到你的生命中。

富有的成功人士相信他們能掌控自己的生命和處境。他們不讓生命、環境或事件掌控他們，因此他們對待客戶、病人、生意夥伴、家人朋友的態度是積極熱情的。成功人士以目標為導向，他們設定目標，然後去達成它。他們不斷在時限內完成一項又一項的任務和計畫。他們是積極主動、先發制人的，也因此不會忙著在處理緊急事件。他們不去理會拖延的引誘。

非成功人士則會拖延。他們會延後、推遲、延宕那些應該要、而且也能在當天完成的事情。他們的拖延會造成某種需要即刻注意力的問題發生，增加忘記重要事情的風險，或導致必須在緊急情況下處理重大事件的情況，而這又增加了出差錯、背負法律責任，甚至吃上官司的風險。無論他們提供什麼服務，都會因為拖延使其品質低落。非成功人士的生活漫無目標、混亂而複雜。由於不斷在處理緊急事件，他們無法完成太多事。他們會對外力產生反應，因此其即刻注意力就受到外力的支配。他們對自己的生命或日常生活絲毫無法掌握，感到無力又沒有方向。」

傑西接著講了四個成功人士用來消除拖延的策略：

「**策略＃1待辦事項清單**

成功人士用待辦事項清單來完成事情。待辦事項清單就如同每日目標。每日待辦事項分為兩種：

目標待辦事項——這些是和每月、每年及長期目標緊密相關的每日任務。這些事項幾乎總是固定不變，也就是每天的清單上都有同樣的事情要做。例如：『打十通推銷電話』。

非目標待辦事項

這些待辦事項和目標沒有關聯，可能是行政事務、客戶服務或例行職責。這些事可能是固定的例行公事，也可能每天都不同。

回到家後，我們到傑西的辦公室，他給了我一張你現在在筆記本裡看到的待辦事項清單：

	待辦事項清單	時間				
	內容	週一	週二	週三	週四	週五
	促進自我提升的閱讀	5AM-5:30AM	5AM-5:30AM	5AM-5:30AM	5AM-5:30AM	5AM-5:30AM
	運動	5:30AM-6AM	5:30AM-6AM	5:30AM-6AM	5:30AM-6AM	5:30AM-6AM
	準備待辦事項清單	6AM-6:30AM	6AM-6:30AM	6AM-6:30AM	6AM-6:30AM	6AM-6:30AM
	打十通推銷電話	9AM-10AM	9AM-10AM	9AM-10AM	9AM-10AM	9AM-10AM
	進行客戶的財務預估	10AM-12PM				
	為客戶製作商業計畫		10AM-12PM			
	為客戶制定行銷企畫			10AM-12PM		
	計算客戶的預扣所得稅				10AM-12PM	
	午餐時間拓展人脈	12:30-2PM		12:30-2PM		12:30-2PM
	回覆所有電話	2:30-3:30PM	2:30-3:30PM	2:30-3:30PM	2:30-3:30PM	2:30-3:30PM
	處理客戶專案	3:30-6PM	3:30-6PM	3:30-6PM	3:30-6PM	3:30-6PM

策略＃2每天五件事

我所研究的許多百萬富豪都會採取一些幫他們賺更多錢、累積大量財富的步驟。其中一個步驟就是『每天五件事』。每天五件事是一種幫你達成目標的策略。在一張紙上列出所有你能想到的、能幫你朝目標推進的活動，然後把這些活動導入你的生活中。每一天用至少五個活動「進攻」你的幾個主要目標。也許看上去你並沒有完成很多事，但日積月累，這些小小的日常成果加總起來就會把你往前推進，更靠近整體目標的達成。每一天，把你完成的五件事情打勾，持續不斷這麼做。你會很驚訝這個策略居然能這麼快速地幫你達到所有你人生中的主要目標。

策略＃3『現在就做』肯定句

當心中浮現想要延後再做某件事的念頭，立刻用『現在就做』這句話來打消這個念頭。如果必要，每天重複這句話一百遍。一秒都別讓拖延的念頭在內心逗留。一旦你完全投入了這些活動，很快就會發現自己沉浸其中，所有拖延的念頭都消失了。

策略#4設定截止時間

替清單上要完成的每日目標或事項設定截止時間，這會在你的腦中創造出一種『搔癢感』，只有當你在自訂的期限內完成了任務，這種搔癢感才會止息。這種搔癢感是一種持續的罪惡感，唯有當你完成任務才會消失。」

第二十六章　志願服務

在我們進入課程的核心內容前，傑西給我上了一點關於志願服務的歷史。

在美國，志願服務（volunteerism）的起源很早。班傑明・富蘭克林可能是我國歷史上最不同凡響的志願者之一。他組建了費城志願消防隊、民兵組織、會員制流通外借圖書館、公共醫院、相互保險公司、農業學院以及知識分子社群。不難想見，他也是那個年代全世界最知名的美國人，受到數百萬人的景仰。

有錢的成功人士都有志願服務的習慣。他們每個月會花五小時以上做志願服務。如果你在社區裡擔任志工，你會獲得好名聲，這讓你接觸到更多人，拓展人際關係的基礎。你會成為社區裡大家認可的人物，這會讓你感覺自己很重要。沒有什麼比造成影響這種感覺更棒了。我喜歡稱之為「喬治・貝利效應」（George Bailey Effect）。喬治・貝利是電影《風雲人物》（It's a Wonderful Life）中的主人翁，我和傑西在聖誕節一起看了這部片。總之，重點在於我們都需要覺得自己的生命有意義。志願服務滿足了我們對於自我存在那種時而顯現的空虛感。當我們的服務對他人的生命造成影響，就會讓我們感到自己是重要的。

志願服務讓你遇見新的人，發展新的人際關係，這些關係可能會轉變為長久的友誼或生意上往來的對象。若你覺得拓展新的人際關係是困難的，那麼志願服務或許是最好的解方。

志願服務是凸顯你各種技能的最佳方式。當你做好某件事，別人會注意到，於是就經常能轉化為生意或工作機會。人們想與他們認識、喜歡且信任的人做生意。有什麼方式比志願服務更能做到這一點？

我們複習完本週的最後一堂課後，傑西拍了拍手。

「好，大家幾點到？」

我滿懷期待地看著傑西，興奮到不能自己。「再過幾小時，他們說大約午飯時間到。」

「東西都收好了嗎？」傑西問。

「禮拜一就收好了。」

傑西大笑：「好極了。我們把東西放到車上然後休息一下，之後會需要休息的。」

第二十七章 全世界最美味的漢堡

我們把行李袋放進露營車下方的儲藏間，然後回到各自的房間閉目養神，等朋友們到來。這對每一個人來說都將是一生一次的難得之旅。我們要坐露營車去路易斯安那州的紐奧良度過八天的行程，造訪一個傑西認為出產全世界最棒漢堡的地方。他踏遍全世界七大洲，和總統、國王、首相、皇帝等你能想得到的所有上流人士一同用過餐，因此當他說我們要去一個出產世上最美味漢堡的地方時，我內心很確定他知道自己在說什麼。傑西對於他喜歡稱為NOLA的紐奧良的描述是一個充滿魔力的所在，充滿音樂、跳舞的人群和異國美食，每個轉角都有驚喜降臨。傑西說，爵士樂在NOLA的意義重大。傑西把NOLA稱為美國唯一真正的文化大熔爐，因為那是唯一一個不同文化都能相互融合，成為一種獨特文化的地方。傑西說的關於NOLA的故事在我心中翩翩起舞，伴隨我進入夢鄉。

滿載著朋友的小轎車準時於中午時分陸續抵達。傑西在後面煎著熱狗、炸著雞翅。當我們大快朵頤時，傑西與朋友的爸媽們正把睡袋、行李箱、帳篷和冰桶塞進露營車。

「五分鐘。刷牙、上廁所，五分鐘內在露營車上集合，」傑西在陽臺上喊道。

我們連跑帶跳地衝上樓，爭先恐後地搶奪浴室使用權，隨即又飛奔下樓，衝進露營車，坐定在椅子上，準備前往NOLA品嚐全世界最美味的漢堡大餐。與這趟旅程相比，連聖誕節早晨的興奮感都為之遜色。

我們下午一點上路，直到位於維吉尼亞州西部藍領山脈的仙納度國家公園露營區才停下來。我們在露營車旁搭起帳篷過夜，隔天天一亮就起床了。吃過早餐，我們幫傑西把釣具和健行裝備從車上卸下來。仙納度國家公園擁有總長超過五百英哩的山徑，其中包括長一〇一英哩的阿帕拉契山徑。有些山徑會通往瀑布流入的河水和小溪，那裡是完美的釣魚地點。於是，我們把釣竿拋擲到玫瑰河的沿岸開始釣魚。

幾個小時後，傑西帶我們走了一小段路到附近的某個大水窪，那兒有一條又長又粗的繩子可讓人盪向空中，然後再被重力加速度拉進水裡，濺起大大的水花。我們以最快的速度把自己脫到只剩泳衣泳褲，然後像空中飛人般輪流飛入高空跳水。水很冰冷，但我們一點也不在乎。能在那裡戲水可說是最接近人間天堂的事了。

結束了水上飛人活動後，我們回到露營車上吃了點午餐，然後繼續出發，尋找全世界最美味的漢堡。我們的下一站是大煙山國家公園。大煙山是一座沿田納西州及北卡羅萊納州邊境隆起的山脊。我們抵達後，紮好了營地，接著便前往凱德斯灣。傑西走進一棟建築物，之後沒幾分鐘，我們便全都坐上了馬背，跟在一位帶我們沿著馬道（horse trail）繞行凱德斯灣參觀的導遊後面。我們從來沒騎過馬，所以一開始都有點害怕，但害怕的感覺很快就被一陣興奮感取代。導遊為我們上了一堂有關國家公園地質學和野生動物的歷史課，並帶我們繞行小溪與幾座稱作麵粉廠的古老建築物。麵粉廠是把穀物磨成粉的地方。在美國建國之初的那段艱辛歲月中，麵粉廠在社區裡有舉足輕重的地位。農夫會把自己種的穀物帶去那裡磨粉，以便從磨坊主那裡換一點錢。磨坊主再與村民交易穀物和麵粉，換取當時生活所需的物資，如牲畜、蔬菜和工具等。

結束騎馬觀光後，我們回到營地吃了點午餐，接著便踏上前往我們最後目的地——NOLA的最後一段路。沿途傑西成功地把我們的期待值拉到最高；整路上，想要把NOLA所有景點都看遍、想要吃到全世界最美味漢堡的強烈期盼一直伴隨著我們。

抵達NOLA的郊區時已經半夜一點了，我們卻還異常清醒。傑西把車駛進一家飯店的停車場，停好車，指揮著我們進入飯店。那短暫一夜的剩餘時光，我們在飯店裡最大的套房中度過。

「睡一下，明天你會很累。我們明天要做的事可多了。」傑西命令道。

興奮感很快便讓位給疲憊感，沒多久，我們就都沉沉睡去，還夢見了NOLA，以及破曉時分等在前頭的冒險之旅。

我們的第一站是去一個名為Café du Monde的知名景點吃早餐，這間店位於紐奧良的法國市場裡，旁邊就是密西西比河堤岸。傑西為我們所有人點了一種叫「貝涅餅」(beignet)的東西。貝涅餅是一種撒滿糖粉的方形甜甜圈。有的貝涅餅裡會放香蕉，有的會放草莓，也有些什麼水果都沒放。貝涅餅相當可口。

品嚐過貝涅餅後，我們走去 Café du Monde 後面的階梯搭蒸汽船遊密西西比河。我們才剛在自己的桌子前坐好，巨大的汽笛聲就響了起來，緊接著，船也就開始移動了。早餐的食物全是我從沒聽過的東西，有秋葵濃湯、鮮蝦燉飯、賈巴拉亞什錦飯（jambalaya）、紅豆米飯，還有一種我這輩子吃過最棒的甜點——「香蕉福斯特」（banana foster。譯註：一種用香蕉和香草冰淇淋製成的甜點，佐以奶油、紅糖、肉桂、黑蘭姆酒和香蕉酒製成的醬汁）。

傑西只讓我們淺嚐即止。「別吃太多，孩子們，全世界最美味的漢堡在等著我們！」

當我們正在吃早餐時，爵士樂隊開始演奏起來。簡單用餐完畢後，我們走到最上層甲板，一覽不可思議的河面風光。船上的每個人都那麼友善愉快。兩小時的航程彷彿不過幾分鐘而已，多麼難忘的經驗！

坐完蒸汽船，傑西帶我們去參觀法國區。他說 NOLA 獨特的文化其實是由包含西班牙、法國、克里奧、非洲、北美原住民和早期開拓者等六種特殊文化融合在一起的結果。我的一位朋友問什麼是克里奧，傑西便順勢替我們上了一堂歷史課。

「很多美國人都喜歡說我們的國家是不同文化的大熔爐，但事實上，美國大多數地區是不同文化的拼湊物，不是大熔爐。有些文化來自德國傳統、有些來自愛爾蘭、義大利、希臘等，只有NOLA例外。在NOLA有克里奧文化。克里奧人是路易斯安那州殖民者的後代，是法國人、西班牙人、非洲人，以及主要是加勒比人的混血。克里奧文化不是單一文化，而是所有文化的綜合體，包括黑人、白人、法國人、西班牙人、非洲人，甚至摻雜一些美洲印第安人的文化。他們體現了美國人的真正涵義；他們是真正的大熔爐。如果有人說美國是個大熔爐，他們指的是NOLA。」

結束了兩小時的觀光活動後，傑西拍了拍手，大聲宣布：「漢堡時間到！」

我們搭上了一班「街車」，也就是跑遍全NOLA的綠色電車。NOLA的街車十分出名。傑西說NOLA有世上運行歷史最悠久的街車。我們搭乘的這班車在許多古老柏樹下來回穿梭。順帶一提，NOLA的柏樹也非常有名。全世界最美味的漢堡距離我們下車的街車站牌還要走一段很長的距離，但我們一點也不以為意。那天風和日麗，陽光從雄偉挺拔的柏樹枝葉間灑落。有些東西從柏樹的枝幹上垂下來，傑西說那叫做松蘿，看起來很像樹木枝幹上長出了長長的頭髮。

在路途的盡頭，傑西宣布：「就在那裡。」

我們站在一個叫做 Port of Call 的小餐廳外面，那裡排著等著入內用餐的長長人龍。

「待在這裡，不要動，」傑西說。他設法穿過人龍，幾分鐘後，我們看到他探出頭來，招手要我們進去。

傑西從來不需要排隊，他認識每個人。顯然 Port of Call 的老闆和傑西是很親近的友人，而另一位 NOLA 知名的大廚也是傑西在那裡最好的朋友之一。於是，我們經過大排長龍的人們，被引進餐廳。我們感覺自己就像王室貴族般。為了歡迎我們，他們早已在餐廳後方安排了一桌。每個人都點漢堡。它們又大又美味。傑西一點都沒說錯，那些是我們所有人吃過最棒的漢堡。假如我有兩個胃，一定會點兩份漢堡，不過話雖如此，我連一個都快吃不下了。那漢堡幾乎和盤子一樣大。

我們走回街車車站，跳上車，回到法國區和我們的飯店。

一踏進房間，傑西就用低沉的聲音對我們說：「你們有三小時可以做自己喜歡的事。」

飯店有一個泳池，因此我就和朋友們到樓下的泳池玩了一陣子。

終於回到房間後，傑西說我們有一小時可以準備。

「我的一位朋友說要替我們做晚餐。」

傑西叫了幾輛計程車把我們載到位於花園區的「指揮官宮殿餐廳」（Commander's Palace）。我們到達後，他們讓我們坐在餐廳後方、廚房旁的桌子。過了幾分鐘，一位道地義大利人模樣的先生從廚房裡走出來，全身盛裝打扮，一襲潔白的廚師服令人印象深刻。傑西立刻站起身來，大叫了一聲。廚師先生大笑，跑向傑西，用力握了握他的手，並給他一個緊緊的擁抱。

「孩子們，讓我為你們介紹全世界最頂尖的主廚，艾默利・拉加西（Emeril Lagasse）。」

艾默利來到桌邊自我介紹，接著又跑回廚房裡拿了七本烹飪書出來。他在每本書上簽了名，然後送我們一人一本。他渾身充滿活力，簡直像嗑了興奮劑似的。

「孩子們，我為你們準備了大餐哦！」艾默利說，接著鉅細靡遺地開始解釋他那晚為了我們做了什麼餐點，結果在晚餐還沒上桌前，我們就已經口水直流了。餐點非常美味，每樣都充滿 NOLA 在地特色，最後則是以各式各樣的甜點，包括我的新歡「香蕉福斯特」作結。我們吃完後，飽得差點沒法從椅子上站起身來。

隔天一早，我們就啟程返回澤西灣畔的家，內心充滿了關於這趟旅程畢生難忘的回憶。傑西又成功了。他再次超越我們最瘋狂的期待。他好像總是能做到這一點，傑西就是這樣。

第二十八章　致富思考

傑西說這堂課和其他某些課一樣有點長，而且他要講得比平常快一些，所以需要我保持專注。

「富有的成功人士是正向思考者。他們覺得充滿力量、具有掌控力、自信且精力充沛。這並非偶然，他們是致富思考的信徒。致富思考會吸引成功和幸福。致富思考的基礎是正向思考。成功人士用特定的策略幫助自己保持正面，避免負面思考。

一、每日肯定句

二、想像

三、目標設定

四、勝利日誌

五、未來之鏡策略

除了勝利日誌和未來之鏡策略外，我們大部分都已經說過了，那兩點我們很快就會談到。關於致富思考，我今天想說的是大腦的運作方式。我們真的有好幾個大腦，最主要是意識和潛意識兩部分。意識是受意志力驅使的行為，也就是能靠意志力控制的事物。潛意識則是習慣性或自動化的行為，也就是不在我們控制範圍內的事物。我們的行為是見解、感覺和想法的產物。有些是有意識的行為，有些是潛意識的行為。還記得之前我們談到致富習慣和貧窮習慣時，提到這些都儲存在基底核中嗎？基底核是潛意識的一部分，因此我們的習慣也是潛意識的一部分。西格蒙德・弗洛伊德是一位著名的神經學家，他的工作便是解釋為何潛意識是許多我們的見解、情緒和行為的根源。因為有弗洛伊德，潛意識的研究才成為重要的課題。他指出，我們生活中所做的大量抉擇都是由潛意識所主導。我們的想法及伴隨而來的行動決定了我們的生活處境。一切都是因果法則的運作。如果我們的思想是正向積極的，隨之而來的就是受正向思考所主導的行動。這是財富的源頭：致富思想帶來致富習慣。假使我們的想法是負面的，那麼受我們負面思考主宰的行動也會接踵而至。貧窮思考是貧窮的源頭：貧窮思考帶來貧窮習慣。

一般而言，致富思考和貧窮思考是我們從父母或生命中某位導師學習而來的。

如果你的想法和情緒都安住在正向思考中，你的潛意識便會在對你有益之處運作。它會以正向的方式協助引導你的行為。潛意識對我們說話的方式是透過所謂的直覺。直覺是腦中告訴你要做什麼、不要做什麼的細微聲音。當你處於正向思考的心境中，直覺就會起作用。

舉例來說，如果你對於自己賺的不論多少錢心存感激，你的潛意識就會說出一些與你的正向思考一致的話語，為你帶來更多錢。無論獲得多少錢，若你心存感激，就是在對你的潛意識說你喜歡擁有錢。你的潛意識收到這個訊息後就會去改變你的行為，於是你便能獲得更多錢。它會激勵你去做某些事，或者不做某些事，好讓更多錢流向你。

反之，若你的想法和情緒受到負面思考所綑綁，你的潛意識便會阻撓你。你的直覺不但不會幫你，反而要你去做符合負面思考的事，藉此阻撓你。舉例來說，如果你持續告訴自己『我沒有錢』，你的直覺就會把這件事視作信念，並要你做某些讓你永遠不會有足夠錢的事。它會使你繼續貧窮；它會主導你的行為，讓你貧窮下去。世上大多數的人都是貧窮的，這一點並非偶然，因為他們大多都陷溺於負面思考中，而他們頭腦裡的聲音正阻礙著他們，讓他們繼續窮困。這並不全然是他們的錯。從學習走路的孩提時代起，我們就不斷遭受父母各種負面教導的轟炸。我們早期的生命充斥著『不要』、『不可以』、『不行』，以及各式各樣的負面訊息。『不，你不能買那個玩具，我們沒錢』、『不可以玩火柴，你會被燒傷』、『我們不能像萊恩他家那樣去迪士尼玩，因為他們有錢，我們沒有』、『過馬路前要注意兩邊來車，不然你會被撞』、『把飯吃掉，非洲現在還有人在餓肚子呢！』

所有這些負面教導讓我們充滿擔憂、懷疑、焦慮、嫉妒和羨慕，於是我們成為心懷恐懼且不知感恩的人，而這種心態伴隨我們大多數人一輩子，深埋在我們的潛意識中，引導、指揮，並控制著我們。我們變成恐懼一切的成人，想要避免風險和改變，我們羨慕其他人擁有的事物。我們多數人都是如此，窮人也是如此。這所有的負面心態、恐懼和忘恩負義就如一直以來灌輸進我們潛意識的迷你電腦程式。接著，潛意識會去找方法讓我們獲得更多我們不停想著的負面事物。為了給予更多我們思考及相信的事物，它開始在我們耳邊低語、建議並引導著我們。處於負面、不知感激的心態時，我們腦中的那股聲音，也就是我們的直覺，會叫我們去做那些繼續令我們貧窮、擔憂和嫉妒他人的事。它會將我們帶往不幸與失敗的境地。對大多數人而言，直覺沒幫助他們改善自己的生命。我們不該去理睬那些腦中的負面聲音。

要讓我們腦中的聲音恰當運作，並引導我們走向幸福與成功，我們需要轉換成積極、感恩和正面的心態。這可以從每天確實去找些事情來感激做起。專注在我們感謝的那件事情上，然後試著感受那股感激之情。情感和情緒將會使其就定位。若無法感受到情緒，我們的潛意識就不會得到那串電腦程式碼。一旦感受到感激的情緒，就彷彿我們的大腦被鋪上了一條鐵路。若我們能住在一個感恩、積極、正向的精神世界中，潛意識就會去找方法幫我們獲得更多我們所思所想的一切。它會開始在我們耳邊細語，將我們帶往幸福與成功。屆時便是該仔細聆聽的時刻。我們在下一堂課中會講述更多關於情緒的內容。那是個很大的主題，可能要花好幾天才能說完。」

第二十九章　致富情緒

「致富情緒是正向情緒。富有的成功人士深知致富情緒會創造財富和成功。致富情緒會把好事吸引到你的生命中。反之，貧窮情緒會把壞事吸引到你的生命中。我們明天會談貧窮情緒。

成功的起始點就在於把你的想法從負面轉為正面，做法是控制你的情緒。我們的情緒存在於潛意識。潛意識只接受由我們的意識創造出來，且伴隨著情緒的想法。情緒是打開潛意識與意識之間大門的鑰匙。為什麼讓潛意識接受來自意識的想法很重要？原因在於潛意識可以把它所接收到、帶有情感的想法轉變為事實。假如你想變得富有而成功，就要用帶有情感的想法來餵養你的潛意識，它才會開始運作，讓你變得富有而成功。要做到這一點，要透過用稱為直覺的潛意識想法來餵養你的意識；直覺能改變你的行為。假使你那些帶有情感的想法屬於正面積極的類型，潛意識便會默默開始運作，為你的生命帶來成功。帶來成功的想法必須是安住在致富情緒中的正面想法。如果帶有情緒的想法屬於負面類型，潛意識也一樣會默默運作，令你失敗。」

接著，傑西不假思索地講了前十種致富情緒，也就是你在我的筆記本中看到的那些：

一、愛
二、感恩
三、快樂
四、相信
五、勇氣
六、自信
七、熱忱
八、原諒

九、愉悅

十、和平

「愛是最有力量的情緒。愛會讓我們去做原本絕不可能做的事。我們會不惜一切代價去保護和幫助我們所愛的人。愛也會改變我們的行為。運用我們之前講的『每天五件事』策略，列一張每日清單，寫上你愛的五個人，然後每天對著他們每個人說『我愛你』。感受那股深入骨髓的愛。要讓想法帶有感情，你要想著清單上的那個人，試著回憶起你們一同做過令你開心不已的趣事，愛的情緒就會被啟動。

感恩是另一種強而有力的致富情緒。若我們養成每天感恩的習慣，潛意識就會把它解讀為我們想要更多能感恩的事物。這會變成一道如導彈般的指令，潛意識會開始吸引更多令我們感激的事物到生命中，例如更多的錢、更多東西、更好的關係、更多客戶、更大的銷售量、更健康的身體等。同樣地，再次運用每天五件事策略，列一份清單，上面寫著你每天感恩的五件事。若要啟動感恩的情緒，就要想著任何一件你所接收到令你快樂的東西。

人類都在追求同一件事——快樂。我們都在極力地求取快樂，人人如此，毫無例外。亙古以來，想要快樂的欲望就根植於我們的潛意識中。為什麼呢？因為快樂的人比較健康，免疫系統更強健，也更能擊退癌症和傳染病。快樂的人也會有更好的人際關係。他們擁有慈愛的家人朋友，而且只要有機會，就想要陪伴在彼此身邊。快樂的人賺更多錢。快樂能激勵並驅使我們，在職場上則是以更好的工作品質、更有創意的問題解決方式，以及更堅固的人際關係等形式顯現。想要快樂的欲望會令人做出一些不可思議的事，例如泰瑞莎修女為全世界窮人服務的努力。

相信是恐懼和懷疑這兩種貧窮情緒的解藥。相信自己及此生的主要目標會消除你的所有恐懼，幫助你克服人生路上的一切障礙。相信就如同一臺割草機，把所有阻礙你追求夢想的負面情緒斬斷、清除。好消息是，相信能夠成為一種日常習慣。透過我昨天稍微提及的靜坐、想像、肯定句和未來之鏡策略，你就能訓練你的心去克服所有恐懼。

永遠別去質疑潛意識的運作方式。關於大腦的這一塊，人類幾乎一無所知。總有一天我們會學到更多關於潛意識的事，就不會聽起來這麼神祕了。目前你只需要知道這一點：任何帶有情感的想法都會進入潛意識，並且像電腦程式般指揮著潛意識去做任何那些想法要它做的事。若你很善妒，它就會讓你遭遇更多令你嫉妒的對象。若你充滿感恩，它就會給你更多令你感恩的對象。這個公式很簡單：感恩＝獲得更多東西；羨慕＝獲得更少東西。

我創造了一種我稱為日常修心練習的工具，幫助你常保正面思考。傑西說完後停頓了一下。我們改天再談這個主題。」

第三十章　貧窮情緒

「貧窮情緒是負面情緒。當我們感受到負面情緒，且讓它在我們心中停留超過幾秒鐘，我們就已經在向潛意識下達指令了。潛意識認為我們想在生活中創造更多負面經驗，因此它就像導彈般，全力吸引那些讓負面情緒持續的事物到我們的生命中。」

接著，傑西快速唸了一串你現在在筆記本中看到的貧窮情緒：

一、憎恨

二、羨慕

三、悲傷

四、絕望

五、恐懼

六、懷疑
七、冷漠
八、報復
九、憤怒

憎恨是一種負面情緒，是愛的對立面。你必須永遠不讓憎恨在你的潛意識中生根。它是成功的毒瘤，會把具有毀滅性的事件和環境吸引到你的生命中。快樂是我們所有人為了自己或自己的孩子所企求的，憎恨卻給予我們相反的東西：不幸。它會導致飲酒過量、藥物濫用、壓力、破碎或緊張的關係、搖搖欲墜的生意和財務困境等。如果你想變得富有且快樂，絕對不要心懷恨意。用愛來代替一切憎恨的念頭。

從財務的角度來說，羨慕是所有負面情緒中最糟糕的一種。我們感到羨慕時，就會向潛意識發射出一個混雜著情緒的訊息，即『我們是匱乏的』。潛意識只會揀取『我擁有得不夠多』這種帶有情緒的想法。它會把這個帶有負面情緒的匱乏想法解讀為一道指令。當我們允許羨慕的念頭進入心中時，我們基本上就是在告訴潛意識去尋找更多令我們感到羨慕的對象。吸引力法則開始起作用，於是我們開始把更少的收入、更少的所有物、更多花費、更多債務等吸引到生命中。潛意識只是在做它被設定好要做的事罷了。

所有人都會在某個時刻感到害怕。任何改變，甚至是像結婚或升官等正向的改變都能引發恐懼感。富有人士已經將他們的心訓練到能克服恐懼，貧窮的人則會讓步、投降，讓恐懼感阻礙他們向前邁進。

核心恐懼有以下八種：

- 對失敗的恐懼
- 對成功的恐懼
- 遭受拒絕的恐懼
- 不夠好的恐懼

- 對匱乏的恐懼
- 對孤單的恐懼
- 對失去控制的恐懼
- 對不從眾或特立獨行的恐懼

悲傷是快樂的對立面。悲傷削弱我們的免疫系統和整體健康。悲傷也會摧毀人際關係；人們會刻意避開悲傷之人。由於缺乏動力或毫無動力，悲傷的人賺的錢也會較少。他們的生產力會降低，工作成果的品質也會變得低落。他們喪失了創造的能力，而創造卻是人類的基本特徵。由於他們鬱鬱寡歡、無精打采，他們的人生也不會有太大的成就。

「關於悲傷的最後一點是，」傑西把雙手揹在背後，低頭看著木棧道說。

「回顧過去會引發悲傷的感覺，要避免沉湎於過去的習慣，養成對未來充滿希望的習慣。這就為什麼目標很重要的另一個原因。目標的作用就像把悲傷隔絕在外的盾牌。」

懷疑站在信念、信仰和自信的對立面。這是最常見的一種負面情緒。懷疑會阻撓達成目標的過程，並使人優柔寡斷、猶豫不決。懷疑是令多數人的生命裹足不前的一種貧窮思考，也是這麼多人之所以成為月光族的原因。懷疑使人不敢冒險。當你充滿疑慮時，你就被負面思考所占據。

一旦我們允許報復的情緒進入想法中，潛意識就會把這件事視為命令，並開始吸引更多壞事來到我們的生命中，好讓我們繼續懷著報復心，結果導致更多人來盜竊我們的財產，傷害我們的身體，或暗中破壞我們的好事。

無法克制的憤怒是造成許多糟糕決定和後果的原因。有些決定和後果會使人們遭受牢獄之災、失去工作、人際關係破裂、家庭失和、個人健康和安全受到危害等。要控制憤怒，你必須養成思考……評估……再反應的習慣。」

傑西似乎想把每個字敲進我的腦袋裡。

「現在有很多人會坐牢就是因為他們沒遵守這項簡單的原則。思考會強迫你運用心智，而非情緒。評估情勢也會用到心智邏輯，替你爭取到消化當下狀況的時間。在仔細考慮、徹底評估人生中的重大事件後，反應才是你要做的最後一件事。對生命中任何事做出反應都應該是最後一件要做的事。永遠不要立即反應，那是死亡之吻。這個簡單的公式把情緒從方程式中拿走，換成邏輯。處理生命中複雜的狀況時，這個過程可以扭轉順序，讓大腦來發號施令。」

第三十一章　每日修心練習

在走去木棧道的路上，傑西遞給我一張紙條。

「這是我的每日修心練習。」那是一張很長的清單。我從頭到尾看了一遍。

一、早上起床後的第一件事，靜坐十五分鐘。

二、閱讀肯定句。

三、閱讀感恩清單。

四、對著清單上的所愛之人，帶著感情說「我愛你」。

五、未來之鏡信件。

六、複習你的理想實踐板。

七、睡前靜坐十五分鐘。

靜坐

- 讓自己舒服地坐在椅子上。
- 閉上眼睛。
- 感受你的眼睛放鬆下來，接著是整個頭部，然後是脖子、肩膀、胸腔，再來是手臂、腰、腿，最後是雙腳。
- 深呼吸三十次，並在腦海中看見你數的每一個數字。讓所有念頭像行駛中的火車車廂一個接一個經過。
- 想像你的大夢想已經實現，想像你所有的目標都達成了。
- 想像你的理想生活，包括你理想的家、理想的工作、理想的收入和理想的身體狀況。看見自己快樂成功的模樣。
- 在克服夢想之路上的阻礙時，學會尋求協助。
- 睜開眼睛說「我很快樂」。

肯定句

傑西的清單上有大約二十個肯定句。其中有一句特別醒目：

- **這個暑假教我的孫子如何變得快樂又成功。**

感恩清單

傑西列出所有他生命中感激的事物。他列出了家人、朋友、生意夥伴，所有致富習慣的訓練師及學員的名字，還有澤西灣畔的家。這份清單足足有五頁那麼長。

一年計畫信

傑西這封「一年信」的簽署日期是一年後。那是一封他寫給自己的信，內容是這一年來他所完成的所有事情——所有他達成的目標、演講和帶訓練課程的次數、最新一本書的完成，以及去年暑假他和孫子一起做過的趣事。

五年計畫信

這和傑西的「一年信」大同小異，只不過設定的時間是五年後。在那封信裡他已完成了更大的目標，例如要為家人做的事，以及提高自己的身價。最後一點吸引了我的視線——「我要能將我的身價再增加一千萬美金」。

理想實踐板

傑西的理想實踐板包含在美麗海灘旁一棟水上建築物的照片，下面寫著「下一場演講」，一張他自己慢跑的照片，以及一張約翰・馬克安諾擊球的照片，下面寫著「我和約翰・馬克安諾一起打網球」。一張大遊艇的照片，下面寫著「全家出遊」，還有其他一些底下也被傑西寫了字的照片。

看完傑西的清單後，我抬起頭看著傑西，於是他開始上課。

「我每天都會進行這些修心練習。靜坐練習早晚都要做。靜坐是對潛意識植入想法的好方法。潛意識能最快接受想法的時間，就是你早晨剛起床和晚上入睡前，也是那些致富思考內容真正被接收的時刻。肯定句都與我想要達成的某項目標有關。這個夏天我最主要的目標就是教給你我所知道能助你擁有快樂、成功人生的一切。每一天我都會對我擁有的東西、我的家人、朋友、賺來的錢、累積的財富表達感恩。對生命中的無論大小事，永遠要心懷感激。每一天我都會對我的家人、朋友，以及各式各樣讓我創造美好人生的人們表達愛意。我們很容易就會讓負面想法主導我們的思考；養成感恩而非羨慕的習慣；養成心懷愛意而非憎恨的習慣。養成快樂的習慣。」

傑西停了幾分鐘讓我好好思索這一切，然後說：「我希望你吃完早餐後能寫一份自己的修心練習清單，並且開始每天執行。」

第三十二章 勝利日誌

「除了從錯誤和失敗中學習以外，富有的成功人士只會專注在他們的成功上。他們具有『成功意識』（success conscious）。在追尋有價值的事物，如目標、夢想或人生的主要追求時，無論任何人都會遭遇看似無法跨越的障礙。他們會犯錯、遭到拒絕和面對失敗。然而所有的阻礙、錯誤和失敗都是生命迫使我們成長的方式。克服阻礙、錯誤和失敗促使你自我提升，改善各種技藝、知識和專注力。簡言之，這些障礙使你進步。

勝利日誌是記錄你所有成功經驗的清單。每當你獲得成功，無論成就大小，把這個經驗記錄在勝利日誌中。這個勝利日誌讓你保有成功意識、維持正面積極。當你遭遇到看似不可跨越的障礙時，複習你的勝利日誌。勝利日誌是防止懷疑進入你心中的防火牆。它將你的思緒專注在成功而非失敗上。維持正面思考是在人生中常保成功的關鍵。讓懷疑溜進心中是一種負面思考。負面思考就像澆熄你成功之火的冷水般阻礙成功發生。

當我們結束早餐的複習時間，傑西指導我做了一份我專屬的勝利日誌，好讓我這一生中能持續在上面增添內容。

我朝布蘭登看去。「那年暑假我和傑西一起做的勝利日誌，過了這麼多年，如今內容已增加很多。我把它放在筆記本最後，《致富習慣》那本書後面。」

布蘭登把日誌抽出來從頭到尾看了一遍。總共有五十幾頁。看完後他把日誌放在一旁，看著我。

「好多成功經驗，爸。你從那個暑假就開始做紀錄沒停過嗎？」

「對，」我說：「那個勝利日誌就是我隨身攜帶筆記本的原因。我不會知道什麼時候我需要在上面添一筆。無論是大大小小的成就，我都會記在那個日誌裡。」

「下一堂課是什麼？」我問布蘭登。

「我看看，叫做『未來之鏡策略』，」布蘭登說。

「這堂課很棒，」我回答道：「那些策略很好玩，真的能讓你的想像力飛馳！」

於是我開始向布蘭登解釋傑西曾對我解釋過的未來之鏡策略。

第三十三章 未來之鏡策略

「我們昨天稍微提過一些內容。未來之鏡策略有四種：

一、十年後的未來信

二、五年後的未來信

三、一年後的未來信

四、你的訃聞

十年後的未來信

你寫給自己的『十年後的未來信』中描述了你如何達成所有的目標和夢想、實現生命中的主要追求，包括你賺了多少錢，你住的房子、住在什麼地方、開什麼車、以什麼工作維生，以及你的家庭生活如何變得更好，還有你所有的不動產產權、所有的投資、遊歷過的美好地點，以及你對新生活感到多麼愉快等的內容。詳盡地描述你在新生活中，從醒來到睡前那一刻的一天通常是怎麼過的？不要有任何限制。讓你的想像力馳騁，不要放過任何細節。

五年後及一年後的未來信

五年後及一年後的未來信包含這兩段時間內你的所有成就。在這兩封信中列出所有你該期間達成的目標。每一封信都描繪出你在該時段中生活上的轉變。在信中描述你在該期間內的財務狀況、心理狀態、工作如何有所提升、家庭生活如何變得更好，以及發生過的好事。

訃聞

寫一份自己的訃聞。你的訃聞中描述了你曾擁有過的美好人生。就像那些未來信一樣，把你生命中發生過所有不可思議的事描述出來，說明這些事如何造就了現在極為成功的你。你的訃聞中還要分享你所完成的偉大事業，以及你造福了多少人的生命。這是關於你的故事，訴說你美好且不可思議的成功生活。

這些策略就是你的人生計畫。它們策畫了你的未來，幫助定義未來的你。它們能讓你界定目標，讓你清楚知道如何完成每個目標。它們會啟動你的潛意識，把你想要的一切吸引至你的生命中。你的潛意識會開始默默工作，想出達成你的目標、實現你生命中的夢想和主要追求的辦法。這些策略的作用就像吸引成功的磁鐵，將所有能幫你成為『未來的你』的資源、技能和人際關係帶到你的生命中。」

早餐過後，傑西要我好好花時間寫我的未來信和訃聞。完成後，他說下午已經為我倆準備了一些特別的活動。

第三十四章　克服恐懼

寫完未來信和訃聞後，我走到傑西的辦公室。

「寫完了，」我邊說邊揮舞著我的作業。「你想讀嗎？」我問。

「那些不是為我寫的，是為你寫的。它們全都是你的，老兄，」傑西話中帶著笑意。「你手裡拿著的是你的生命腳本，你個人的生命計畫。那些信和訃聞會帶你像一艘火箭般衝上雲霄。」

傑西只說了這些，接著我們便走向車子。

「我們要去哪，傑西？」

傑西喜歡驚喜，無論我怎麼努力，都沒辦法讓他透露下午的祕密計畫。

我們把車停在一塊寬敞開闊的空地。那裡有十幾個大熱氣球像躁動的搖頭娃娃般上下彈跳著。

「我們要去那裡。」傑西的手直指天上。

腎上腺素頃刻間開始在我的體內翻騰竄流。

「那一個是我們的，」傑西把我舉起來，放進巨大熱氣球下方的吊籃裡。工作人員拉著繩子，我們便緩緩地升空了。

「很多人會恐懼，」傑西說。「他們本該擁抱生命，卻反而懼怕它。永遠別害怕，恐懼會阻擋你，令你動彈不得。那些未來信和訃聞則會把你帶到你從未想過能到達的地方。有時恐懼會冒出頭來把你往後拽。別理它，那是你從小就被植入的負面思想。別讓恐懼阻攔你追求夢想。」

隨著氣球越飛越高，我開始焦慮起來，索性離開吊籃的外圍。我盡最大努力不往下看，不想讓傑西知道我怕高。在工作人員的控制下，氣球在還沒升到一百呎的空中就忽然停了下來。

「一步步來，」傑西用低沉的嗓音說道。「這是唯一克服恐懼的方法。一步步來。如果你害怕處理某件事，就一點點地做。還記得你爸教你騎腳踏車的事嗎？」

傑西感受到我的焦慮，所以想用另一個故事讓我分散注意力。

「嗯，那時候你很害怕。我記得，我也在場。不管你記不記得，你當時一定是嚇壞了，所以才尿褲子的。你記得你爸做了什麼嗎？他帶著你、牽著腳踏車來到後院的草地上，用一整個小時讓你在一趟不超過五十呎的距離下騎過來、騎過去。摔倒，爬起來再騎、摔倒，爬起來再騎。等你騎了十趟左右，你爸才把你移到車道上。然後我們全都擠上旅行車，又花了一小時看你沿著車道騎車。一步步來。」

傑西抬起頭看著天空。

「克服恐懼的關鍵就是一次靠近它一點，直到建立起足夠的信心為止。接著再提升到下一個境界，無論那是指什麼。一次爬一層階梯，循序漸進地克服恐懼。」

「你看那裡，」傑西邊說邊指向其中一顆超越我們的熱氣球，它們一個接一個地往天際飛去。傑西移動到吊籃的邊緣，點點頭要我跟過去。傑西毫不猶豫地往下看。

「這不過是一百呎而已。」他懇求道。

我拖著腳慢吞吞地走到吊籃邊緣，雙手緊抓住吊籃邊框，極為勉強地把頭探出去那麼一點點往下看。

「我知道你怕高，」傑西坦承道。

那一刻我才恍然大悟，原來坐直升機、去帝國大廈觀景臺、自由女神像和這次的熱氣球之行都是傑西偉大計畫的一部分，目的是為了幫我克服最大的恐懼——懼高症。

「你要養成克服恐懼的習慣，而且要從最大的恐懼做起。這會讓你有信心能克服其他所有的恐懼。」

我繼續往下看，過了幾分鐘，我感覺自己緊抓著邊框的手放鬆了。傑西朝底下的工作人員輕輕點了點頭，然後在不知不覺中，我們開始非常緩慢地上升。我的手又鬆開了一些，沒過多久，居然已經能輕鬆地放在邊框上了。我轉向傑西，他能從我的微笑中看出我的恐懼感已然消失無蹤了。

接著傑西對著底下的工作人員喊：「這東西能飛多高？」

那名工作人員讓我們越飛越高，超越所有其他的熱氣球，最後，它們看起來全都像遠方的小斑點而已。

第三十五章　歸程

「你好安靜，」媽才剛把我從傑西那裡接上車。我們在回家路上。這真是我人生中最不可思議的暑假，很難過假期已經結束了，下週就要回到學校了，而我全部所想的就只有和傑西再過一次暑假。我沒有心情說話，腦中像播放電影般不斷重播著我們所有的課程、休兵週的玩樂、華盛頓特區之旅和乘坐熱氣球的回憶。

「嗯，你和傑西相處得愉快嗎？」媽問道。

「最棒的暑假！」我的語氣透露了我的心情。

「他很有兩把刷子吧？」媽就像個牙醫，試圖從我嘴裡掏出話來。

「昨天的熱氣球體驗如何？」

我很驚訝她居然知道我們去坐熱氣球的事。就在那時我才意識到，暑假期間傑西一定每天都和我爸媽更新消息。爸媽和傑西為了我耗費這麼多苦心，我記得一股敬畏感自心中油然而生。如今當我明白那就是愛與感激時，這股敬畏感又化為一道暖流。回顧那年暑假，我覺得自己竟是如此幸運、備受眷顧，能擁有這樣充滿關愛又能指引我人生方向的家庭。

「太棒了，媽，暑假太棒了。這是我最棒的暑假。謝謝你們逼我和傑西一起度過。抱歉我那時這麼難搞。」

媽用力親了我一下。「我們都很愛你。父母本來就該這樣。即使孩子不喜歡或不理解，我們也應該要做對他們最好的事。如果我們不做，還有誰會？等妹妹們年紀大一點，她們也會去和傑西共度暑假。」

我看向媽媽，說：「她們一定會愛死了。」

接著我轉身去拿放在後座的背包，把筆記本抽出來。那年暑假我從傑西那兒學到了好多。如果在暑假前我還沒特別崇拜他的話，現在我已經對他佩服得五體投地了。傑西真是個了不起的人，我心中默默想著。我感覺自己已經變了。我知道我的生命不會再和過去一樣。傑西的教導已深深烙印在我的骨髓，並混雜著強烈的情感。它們將永遠成為我的一部分，我也會永遠隨身攜帶著那本筆記本。

布蘭登闔上筆記本，車裡陷入靜默。車子正要駛進南灣校區，我決定打破沉默。

「那裡是名人堂，」我指向左手邊的「大學美式足球名人堂」大樓。車裡更安靜了。布蘭登受到傑西和我的筆記本深深吸引，陷入沉思。

聖母大學太酷了；校園本身就是一方聖地。我們參觀了金圓頂大樓、幫「觸地得分」姿勢的耶穌壁畫拍了照，然後觀看聖母大學校隊在比賽中險勝。我們倆都不會忘記這次的神奇體驗。待一切結束，我們很快地又回到車裡，踏上返回紐澤西的漫長歸程。

「假如我遵循傑西的教導，你覺得能讓我成績變好，進入聖母大學嗎？」布蘭登問。

「假如你遵循傑西的教導，」我回答「普林斯頓大學也進得了，小布。你想進哪裡都行。」

布蘭登伸手到後座把我的筆記本拿出來，然後把那本《致富習慣》抽出來開始讀。

接下來的三小時中，布蘭登就把整本書從頭到尾讀完了。

「我可以留著你這本《致富習慣》嗎，爸？」布蘭登把書放在腿上，然後開口問道。

「當然，小布。家裡面還有幾本，」我回答。

「我也可以借你的筆記本嗎？」答案他早已心知肚明。

「當然，我可以幫你影印一份。我們把它放進活頁夾裡，這樣你就能在後面加內容了。」我微笑答道。

「酷！」布蘭登說。

整趟回程中，布蘭登大多數時間都在翻閱我的筆記本，重新體驗我和傑西一起度過的暑假，然後小睡了一陣子。他醒來時，我們已經在紐澤西的78號公路上了，離家只剩約一小時車程。我們半路停下，吃了點東西後才又回到車上繼續趕路。

「我以後要進聖母大學，爸。」布蘭登用堅定的語氣說道。

「是嗎？」我回答。

「對，要進聖母大學。」布蘭登轉頭望向窗外，我想我聽到他又低聲說了一次：「一定要進聖母大學。」

布蘭登後來以全班第一名的成績從高中畢業。他在高中二年級時成為「美國國家高中榮譽生會」（National Honor Society）的一員，這在他的學校可不是件容易的事。布蘭登被聖母大學提前錄取，收到錄取通知信時，我們全都欣喜若狂，開心極了！我真希望傑西能親眼見到這一刻，看看他的致富習慣、他的教導和那本筆記本是如何改變了布蘭登的人生。我知道布蘭登已然邁上另一條道路了。又一個被知名的傑西・賈伯斯永遠改變的人生。知道自己已經盡了做父母的職責，我心滿意足。感謝傑西與他的課程，我才能成為我兒子的人生導師。我感到驕傲且欣慰。

從小致富

出　　版／楓書坊文化出版社
地　　址／新北市板橋區信義路163巷3號10樓
郵政劃撥／19907596 楓書坊文化出版社
網　　址／www.maplebook.com.tw
電　　話／02-2957-6096
傳　　真／02-2957-6435
作　　者／湯姆・柯利
翻　　譯／羅嵐
企劃編輯／王瀅晴
港澳經銷／泛華發行代理有限公司
定　　價／350元
出版日期／2021年12月

國家圖書館出版品預行編目資料

從小致富 / 湯姆・柯利作；羅嵐翻譯．
-- 初版．-- 新北市：楓書坊文化出版社，
2021.12　面；　公分

ISBN 978-986-377-742-7（平裝）

1. 親職教育 2. 子女教育 3. 理財

528.2　　110018859